U0505369

农村劳动力转移：
价格扭曲、变化趋同与中国经济发展

上海市学术著作出版基金

杜建军　著

农村劳动力转移：

价格扭曲、变化趋同与中国经济发展

上海人民出版社

格致出版社
Truth & Wisdom Press

序

改革开放以来,波澜壮阔的中国农村劳动力转移是中国现代经济史上最重要的事件之一,这项经济活动的规模之大,涉及人数之多,对中国过去 30 多年经济发展和未来经济发展产生的影响之深,以及对中国农业、农民和农村带来的冲击及变化无论在中国还是世界经济史上都是史无前例的。2.5 亿农村转移劳动力成为推动中国经济持续快速发展的最主要动力之一,2.5 亿农村转移劳动力成为铸造中国世界工厂地位的支柱。然而,中国经过 30 多年严格执行的计划生育政策,2010 年全国总和生育率下降到 1.18,2000—2010 年,人口年均自然增长率仅为0.57%,从 2013 年开始中国总劳动力绝对数量开始减少;再加上经过 30 多年的转移,能够转移的农村剩余劳动力数量已经不多,中国人口红利带来的低劳动力成本时代已经基本结束。这将给严重依赖低劳动力成本的中国经济带来巨大挑战,中国经济只有改变现有的投资、出口驱动型增长模式,转向内需驱动型增长模式,才能顺利转型。在此背景下,本书对农村转移劳动力价格扭曲、变化趋同及其对城市经济、农村发展和中国宏观经济的影响进行的系统考察,有较为重要的现实意义。

农村劳动力转移目前成为中国经济学界最关注的研究热点之一,然而学术界关注的热点主要是农村劳动力转移的途径、模式、制度障碍及融入城市的问题,而对农村转移劳动力价格扭曲、变化趋同及其影响关注不多。本书以马克思主义经济理论为基础,结合现代西方经济学理论分析方法,构建了其理论框架。本书在理论框架基础上,运用发展模型、状态空间计量模型、统计模型、误差修正模型、二阶段最小二乘方法和系统动力学模型等多种方法对农村转移劳动力价格扭曲、价格动态变化趋同及其对城市经济、农村发展和中国宏观经济的影响展开了较为扎实的实证研究。

但是,由于农村转移劳动力价格扭曲、变化及其影响问题本身研究范围很广,受研究时间、可获得数据的限制及各方面的原因,本书的研究还存在一些值得进一步完善之处:(1)由于面板数据无法获得,本书主要应用了时间序列数据进行实证研究,可能样本数量和准确性方面有所欠缺;(2)在农村转移劳动力价格扭曲研究中,户籍制度对价格扭曲起了很大作用,本书没有把户籍制度作为虚拟变量引入模型中,还有待进一步完善。

另外,在本书的研究基础上,还存在一些问题值得以后进一步的研究:(1)农村转移劳动力价格动态变化及趋同对微观企业有何影响,还值得进一步研究考察;(2)为了更加全面地了解农业部门价格扭曲对城市部门和中国经济的贡献,还需要对农业部门的产品价格扭曲情况进行研究,包括改革开放之前通过工农业产品剪刀差为城市部门所做的贡献,改革开放之后,政府通过干预控制市场人为压低农产品价格为城市部门所做的贡献等;(3)农业部门要素价格扭曲中,还包括土地和金融要素价格扭曲,也需要进一步进行考察。

本书是由杜建军的博士论文修改而成的,他硕士阶段学习历史学,博士阶段转向经济学的研究,其中的艰辛自然可想而知,然而勤能补拙,他通过自己的努力较为出色地完成了《农村劳动力转移:价格扭曲、变化趋同与中国经济发展》的写作,这本书的出版也算是对他付出的回报。

冯金华

2017 年 2 月 15 日于上海财经大学

致　谢

　　本书是在我的博士论文基础上修改而成的。本书的顺利完成，首先应该感谢《中国人口科学》《中国经济史研究》《上海经济研究》《经济问题探索》和《西北人口》的大力支持。要特别感谢我的博士导师上海财经大学的冯金华教授，冯老师不仅以其渊博的专业知识、精益求精的工作作风、敏锐的洞察力和对学科发展前瞻的视野使我在学业上受益匪浅，而且其严谨、求实而不乏自由精神的治学态度和专注于科学研究的执着精神更对我产生了深刻的影响，是我一生的精神财富。冯老师不但在本书的写作中对我进行了耐心的指导，而且我博士阶段学习的高级微观经济学和高级宏观经济学等经济学基础理论也是在冯老师精心教导下扎实学习的。

　　感谢上海财经大学马克思主义研究院的程恩富教授、丁晓钦副教授、刘晓音老师、陆夏老师和龚剑老师，他们对本书提出了很多宝贵的建议。感谢上海财经大学科研处处长徐龙炳教授和上海财经大学城市区域科学学院的赵晓雷教授、许庆教授、陈晓和教授、曹建华教授、张锦华研究员、汪伟教授、赖涪林副教授、张学良教授、邵帅副研究员和孙永亮老师，他们在我的研究和生活中给予我巨大的帮助和支持。

　　感谢复旦大学经济学院马涛教授、上海大学经济学院董有德教授、上海财经大学经济学院马艳教授、董有德教授、冒佩华副教授，他们从各个方面对本书给予很多指导和建议，令本书修改后结构更加合理、内容更加充实。

感谢我的挚友谢进、上海财经大学金融学院的杨金强教授和上海财经大学城市区域科学学院的邓涛涛副教授，他们对本书的顺利完成都起到了很重要的激励、支持和帮助作用。

感谢我的硕士导师湖南师范大学杨俊明教授，是杨老师的支持让我下定决心转向经济学的研究。感谢我的挚友湖南师范大学的李立辉教授和吴新颖教授，他们既是我的老师又是我的朋友，在我的求学道路上一直支持和关心我。

感谢我的父母，他们是我人生道路上的导师。我的求学之路上曾出现过许多坎坷和障碍，父母总是给予我鼓励、支持，使我不断克服困难取得成功。

最后，要特别感谢市委宣传部的黄士平先生和格致出版社的程倩女士，他们付出的艰辛努力促成了本书的顺利出版。

杜建军

2017 年 2 月 10 日于上海政法学院

目　录

第一章
绪　论

　　农村劳动力转移是改革开放之后中国最重要的经济活动之一，这项经济活动的规模之大、涉及人数之多，对中国过去30多年经济发展和未来经济发展产生的影响之深，以及给中国农业、农民和农村带来的冲击及变化无论在中国还是世界经济史上都是史无前例的。中国约2.5亿农村转移劳动力也即我们平常所说的"农民工"成为中国经济增长最主要的推动力量之一，中国也随之发展成为世界工厂，当然在这个过程中，农村转移劳动力和农村也获得了自身发展所需要的资源，然而在大部分时期，由于农村转移劳动力的供给规模太大，政府对农村转移劳动力推行一系列的排斥性制度安排，农村转移劳动力和农村因为劳动力价格的扭曲也付出了沉重的代价。经过30多年的劳动力转移，农村剩余劳动力已经不多，市场力量开始取代制度力量对农村转移劳动力价格的形成起越来越大的决定性作用，农村转移劳动力价格的快速上升趋势已经形成；同时，中国经济和中国城市化也走到了十字路口，中国经济和中国城市化依赖榨取廉价劳动力和廉价土地红利的发展模式已经不可持续；因此，对农村转移劳动力价格扭曲、动态变化趋同趋势及其对中国经济、城市化的冲击和影响进行研究考察显得尤为重要。

　　本书以马克思主义经济理论为基础，把马克思主义经济理论与现代西方经济理论相结合，用以构造本书的理论框架，并运用于解释农村转移劳动力价格扭曲、价格变化趋同及其对城市经济、农村发展和中国经济的影响；在理论分析基础上，通过构造经济行为模型和计量模型对以上几个问题进行实证研究。本章的结构如下：首先，介绍了本书的研究背景；其次，论述本书的研究意义；再次，对本书的研究方法、创新之处与技术路线进行简单说明；最后，对本书的主要内容安排做了概括说明。

第一节　研　究　背　景

改革开放 30 多年以来，农村剩余劳动力的城乡和区域转移就业是中国最重要的社会经济现象之一。农村劳动力的转移流动使资源得到了有效配置，有力推动了中国经济快速发展，加快了工业化和城镇化进程。2012 年，全国农民工总量已达 26 261 万人，占全国总人口的 19.4％，占城镇常住人口的 36.9％（魏后凯、苏红键，2013）。据联合国教科文组织和中国社会科学院社会学研究所（2006）的数据显示，预计 2020 年将有 3 亿左右的农村富余劳动力到城镇寻求非农业就业的机会。农村剩余劳动力转移就业促进中国经济增长的背后是城乡分割的二元劳动力市场结构引起的农村转移劳动力价格扭曲（包括工资、福利、社会保障等显性和隐性的歧视）长期存在，农村转移劳动力面临与城镇劳动者"同工不同酬"、工种选择歧视、社会保障及福利缺失，要素得到的回报比正常的劳动力市场决定的水平更低，这种劳动力要素扭曲是中国经济以成本比较优势参与国际分工、发展制造业特别是出口加工业的重要因素。

通过对农村劳动力要素的歧视性制度安排使城市相对农村、发达地区相对欠发达地区、社会相对农民工群体获得了额外的资本积累和发展资金，是中国过去快速发展的推动力之一。因此，农村劳动力的流动也是产生社会经济溢出的过程，改革开放以来，大量廉价而具有一定技能的农村劳动力为流入地经济的发展乃至整个中国经济的发展发挥了越来越大的作用，在过去的 20 多年中，城乡之间的劳动力流动对中国 GDP 增长的贡献率为 16.3％（Francis，1997）。

1980 年来，我国经济总量和人民生活水平得到大幅度提高，综合国力显著增强。这些成就的取得和农村转移劳动力及农业部门为经济发展做出的重要贡献是密不可分的。作为推进我国工业化和城镇化发展的重要力量,农村转移劳动力及农业部门理应公平分享经济发展的成果,但是当前这些劳动者及农业部门得到的回报与其为经济发展做出的贡献很不相称。2012 年中国户籍人口城镇化率为 35.3%,比常住人口城镇化率(52.6%)低 17.3%,这二者之间的差额大约有 2.34 亿人,这些统计在城镇常住人口中的农业转移人口,绝大部分没有完全实现市民化(魏后凯、苏红键,2013);由于二元户籍制度及种种不合理制度的排斥,中国农村转移劳动力无法真正融入城市,由此造成很多社会经济问题,譬如双亲外出留守型农民工子女向上流动进入大学的概率最低,滑入犯罪的概率最高(刘成斌,2013)。另外,由于对农业部门的剩余提取较多,农业成了当前经济发展中最薄弱的环节,农村发展面临很多问题。首先,农村基础设施落后,农村村貌几十年没有太大变化;其次,农业生产率低下,多数农村的生产方式仍然落后;再次,城乡收入差距持续扩大,城乡收入差距从 1985 年的1.86 倍扩大到 2011 年的 3.3 倍。再考虑到农村居民的劳保福利和社会保障的缺失,城乡收入差距更大。这些问题的存在与农村转移劳动力及农业部门对国民经济的贡献及其在经济发展中的基础地位是极不相称的,这种局面也影响到了农业和农村进一步的发展。能否解决好"三农"问题,直接决定我国能否顺利实现国民经济的全面小康和将来更高的发展目标。

第二节 研 究 意 义

一、 理论意义

根据发展经济学的理论,一国在工业化前期需要从农业部门中提取剩余用于支持工业部门的发展;而到了工业化中后期,工业需要而且能够把一部分剩余转移到农业部门,对农业部门进行"反哺",从而促进农业部门的进一步发展。1980 年以后,农业部门通过劳动力要素价格扭曲为我国经济发展做出了重要贡献,当前我国已经初步进入了工业化的中期,需要对农业部门和农村发展进行补偿。但是应该怎样补偿、补偿标准和措施等需要量化的问题并未解决,因此,需要科学测算农业部门对我国经济发展所做的贡献。由于对农业产品价格扭曲已进行了大量的研究,本书集中于研究劳动力要素价格扭曲方面。由于当前国内对农业部门要素价

格扭曲的研究存在上述理论、视角与方法上的不足,有必要从前人研究的
空白处入手,应用马克思主义经济理论和现代经济理论对农村转移劳动
力要素价格扭曲原因、扭曲大小、价格变化趋同趋势及其对中国经济的影
响进行研究,并计算农村转移劳动力要素价格扭曲为我国经济发展所做
的贡献,这是对本书的理论意义。

二、 现实意义

要素扭曲问题的长期存在对未来中国经济后续发展的限制作用将会
越来越明显。贡献与所得回报的显著反差使农村劳动力转移就业的积极
性大打折扣,突出表现在自 2004 年以来在东南沿海地区出现甚至蔓延到
全国的"民工荒",这是劳动力价格扭曲长期得不到补偿对经济造成负面
影响的典型表现,已经影响到劳动力输入大省乃至全国经济的可持续发
展。同时,农村劳动力价格扭曲给农业和农村的发展带来了一些负面影
响,农村居民收入增长率低于城镇居民,城乡经济差距越来越大,农业和
农村成了经济发展中最薄弱的环节。

更为重要的是,随着中国人口年龄结构逐渐向老龄化方向转变,促进
经济发展的人口红利正在逐步消失,建立在劳动力价格扭曲基础上的二元
劳动力市场对支撑经济长远发展的作用难以为继。目前,中国农村剩余劳
动力占农村劳动力总数的 2.1%,现在中国农村已经基本无剩余劳动力,中
国的农业现代化、工业化及城镇化政策需要重新审视(张兴华,2013)。一方
面,统筹城乡、区域协调发展需要按照市场经济的原则,为各种生产要素创
造公平的竞争环境并给予合理的回报。另一方面,中国在经济发展中使用
廉价劳动力的比较优势正在逐渐丧失,今后需要认真应对这种变化以实现
我国经济的可持续发展。二元分割的劳动力市场必须逐步向城乡统一的
劳动力市场转变,这是经济发展的必然要求,城乡劳动者同工同酬也是市
场完善的必然结果;由于人口结构中劳动人口的比例下降,劳动力变稀缺
后必然要求所获得的报酬水平提高。因此,逐步减小并最终消除农村转移
劳动力价格扭曲,以公平补偿促进"三农"发展、建立和完善城乡统一的劳
动力市场,寻求中国经济在人口红利消失、劳动力成本提高、比较优势减弱等不
利因素冲击下,如何保持持续、协调、快速发展路径,这是本书的现实意义。

第三节 研究方法、创新之处与技术路线

一、研究方法

（一）规范研究与实证研究相结合、定量分析与定性分析相结合

本书的研究方法采取规范研究与实证研究相结合的研究方法，侧重于实证研究。把历史分析与前瞻分析相结合；把定量分析方法与定性分析方法相结合；定性研究将依据马克思主义经济理论、西方经济理论、发展经济理论及政策学的相关理论，分析农村转移劳动力价格扭曲及价格变化趋同的动态演变及其对中国经济可持续增长的可能影响，当前反哺农业、扶持农村的必要性以及促进农业和农村进一步发展的政策取向。

（二）宏观研究与微观调查相结合

农村劳动力转移是一个宏观经济问题，本书先从宏观方面进行理论研究，然后进行实证研究，对实证研究中运用的基础数据，采用微观实地调查的方法获取。在进行数据调查时采用抽样调查法在有代表性的地区进行抽样调查，对于缺失数据采用指数平滑法进行处理，对于数据的处理采用加权平均法进行综合处理。

（三）重视西方经济学的数理方法和计量经济学的计量及模拟方法的运用

在进行研究时综合运用了西方经济学的数理模型和计量经济学的发展模型、向量误差修正模型、变系数模型、状态空间模型、2SLS 模型及系统动力模型等方法。

二、创新之处

（一）理论创新

1. 系统地考察了农村转移劳动力价格扭曲、动态变化趋同情况，并研究了价格扭曲、动态变化趋同对农村发展的影响；现有研究仅仅是对农村转移劳动力价格扭曲及变化情况进行了零散的考察，而缺少系统的考察。

2. 运用马克思主义经济理论和发展经济理论，分析了农村转移劳动力价格扭曲的宏观关键影响因素。现有对农村转移劳动力价格歧视的研

究基本都是从微观方面进行考察,鲜有从宏观角度进行研究;考虑到中国大规模的农村转移劳动力是在城乡二元分割背景下进行的,从宏观角度考察可以更好地理解农村转移劳动力价格扭曲情况。

3. 统计并实证分析了农村转移劳动力价格扭曲对城市经济增长的贡献,包括工资价格歧视和福利、社会保障等隐性歧视。由于现有的统计年鉴鲜有关于农村劳动力总体数量和工资水平的持续统计资料,本书将整理相关研究报告的资料,并结合调研资料,根据现有的经济理论,采用合理的方法与模型测算农村转移劳动力价格扭曲对城市经济增长的贡献;同时进行实证计量研究,为今后扭转价格扭曲、公平补偿相关主体及部门提供科学依据。

4. 量化研究了农村转移劳动力价格的动态演变趋同及其对中国经济可持续发展的冲击效应。随着今后我国人口红利和劳动力低成本比较优势和廉价土地的逐步消失,经济发展需要新的动力来支撑,为了实现未来中国经济的持续发展,必须积极应对由于农业部门要素价格扭曲所产生外部性的逐步消失对经济可持续发展的不利影响;将从多个角度对中国经济可持续发展影响进行情景模拟分析,并根据测算结果提出合理的政策建议。

(二) 方法应用创新

1. 用发展模型对农村转移劳动力价格扭曲的微观因素进行分解。

2. 将状态空间模型及卡尔曼滤波法应用于农村转移劳动力价格的动态演变的研究中。

3. 将变系数半参数估计法应用于农村转移劳动力价格扭曲对城市经济增长的贡献研究。

4. 将工具变量 2SLS 应用于农村转移劳动力价格扭曲、趋同对农村发展的影响研究中。

5. 将系统动力学模型应用于农村转移劳动力价格趋同对中国宏观经济的冲击效应模拟分析中。

三、 技术路线

本书的研究思路主要是先提出问题,然后对本书所用的理论及相关文献进行评述,再实证研究农村转移劳动力价格扭曲、价格变化趋同情况，接着对转移劳动力价格扭曲、价格变化趋同的影响进行实证研究，最后是结论和启示，研究思路由技术路线表示如图1-1。

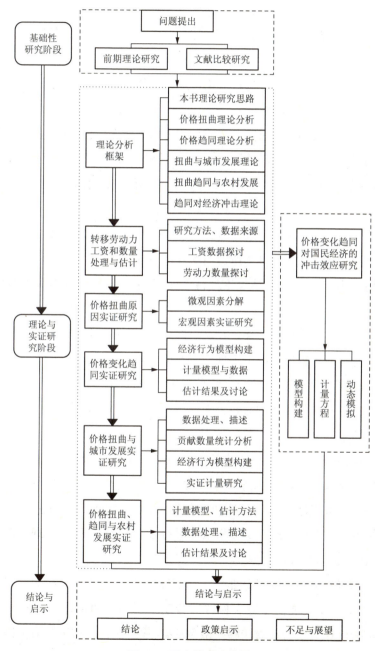

图1-1　研究技术路线图

第四节　本书内容框架安排

本书以农村转移劳动力价格扭曲、价格变化趋同及其对城市、农村和中国经济的影响为逻辑主线,综合运用马克思主义经济理论和现代经济理论,对本书的主要部分进行理论论述和阐释,同时进行实证研究。本书的内容结构和框架安排如下:

第一,绪论部分。首先开宗明义地提出了四个层面的问题,基本上涵盖了本书所要研究的核心内容,并据此设计了主要的研究背景、研究意义、研究内容和研究方法,充分地体现了本书研究的主要创新之处,绪论最后是关于本书研究结构安排的简单说明。

第二,本书所运用的理论基础与相关研究评述。此部分首先对有关概念进行界定,接着对本书所运用的理论基础马克思主义经济理论、现代发展经济论与新制度经济理论进行了评述,然后对国内外有关文献进行评述。

第三,本书的理论框架。在这一部分中,首先简述了前人研究的局限性,在此基础上提出了本书的理论研究框架;然后运用马克思主义经济理论和现代西方经理论对农村转移劳动力价格扭曲、变化趋同及其对城市经济、农村和国民经济的影响分别进行了深入的理论研究。

第四,本书所运用的基础数据的处理与估计。农村转移劳动力工资和农村转移劳动力数量是本书所运用的基础数据,而现有的统计年鉴没有对这两组数据进行系统和准确的统计,本书运用调查数据和现有统计年鉴数据,系统地处理出了这两组数据,首先介绍了研究方法和数据来源,接着对农村转移劳动力工资数据进行处理和探讨,然后处理和探讨了农村转移劳动力数量数据。

第五,本书的实证研究部分。(1)农村转移劳动力价格扭曲原因实证研究。首先用发展模型对农村转移劳动力价格扭曲的微观因素进行分解,接着以托达罗劳动力转移模型为基础,构建农村转移劳动力价格扭曲的宏观原因模型,实证分析农村转移劳动力价格扭曲的宏观原因。(2)农村转移劳动力价格扭曲、动态变化趋同实证研究。首先构建农村转移劳动力价格趋同的经济行为模型,然后运用状态空间计量模型计量分析农村转移劳动力价格与城镇劳动力价格动态变化趋同的过程。(3)农村转移劳动力价格扭曲与城市经济增长实证研究。首先构建统计模型统计分析农村转移劳动力价格扭曲对城市经济增长的贡献,接着推导出价格扭曲对城市经济增长贡献的经济行为模型,实证研究农村转移劳动力价格扭曲对城市经济增长的贡献。(4)农村转移劳动力价格扭曲、趋同对农村的影响实证研究。构建了农村转移劳动力价格扭曲和价格趋同影响农村的计量模型,用以实证分析农村转移劳动力价格扭曲和价格趋同对农村的影响。(5)农村转移劳动力价格趋同对国民经济的冲击效应实证研究。首先运用系统动力学模型对农村转移劳动力价格趋同对国民经济冲击效应进行动态模拟,然后实证分析农村转移劳动力价格趋同对国民经济的冲击效应。

最后,结论与启示。此部分对本书所做的全部研究工作进行了简单的回顾,归纳了主要的研究结论,接着在此基础上提出了中国未来农业和农村的发展战略、城市部门的发展战略以及中国未来宏观经济持续发展战略,最后是本书的不足与研究展望。

第二章
理论基础与相关研究评述

马克思主义经济理论并没有对农村转移劳动力相关的概念进行界定，也没有专门的部分对农村劳动力转移进行研究，但是在其整个理论体系中穿插了不少相关的理论论述。劳动力转移是现代发展经济理论的一个主要组成部分，其中有专门的部分对劳动力转移相关的概念进行界定，并且发展研究出了几个经典的劳动力转移模型，不过现代发展经济理论虽然是以发展中国家为研究对象的，但是其有关定义和理论并不完全符合中国的现实经济问题。

本章主要是对相关概念进行界定，对农村转移劳动力价格理论以及相关的文献归纳评述。首先，对农村剩余劳动力、农村转移劳动力、农村转移劳动力价格扭曲和价格趋同进行界定；其次，对相关的马克思主义劳动理论、现代发展经济理论和新制度经济理论进行了简述和评价，并在此基础上构造本书的马克思主义经济理论与现代经济理论相融合的理论框架；最后，从价格扭曲的原因、价格扭曲对国民经济的贡献、价格扭曲及趋同对农村的影响和价格趋同与趋同对经济的影响四个方面对相关文献进行归纳总结，并对其进行评价。

第一节　概　念　界　定

一、　农村剩余劳动力

费景汉和拉尼斯(2004)认为农村剩余劳动力这个概念的形成有三个

历史背景因素:首先,由于欠发达国家传承了过去的农业二元化状态,绝大部分人口在农村从事农业生产;其次,当欠发达国家开始现代化转型时,通常会遇到人口转移或人口爆炸;再次,土地数量固定条件下,持续的人口压力导致劳动力供给极为丰富,从生产角度看,其中一些劳动力甚至是彻底的冗余。刘易斯(1954)认为无限的劳动供给指现代工业部门在一个现行固定工资水平上,工业部门的劳动供给具有完全的弹性,在人口众多的发展中国家,传统农业部门没有资本投入,土地有限,人口迅速增长,劳动力丰富,根据边际生产率递减原理,农业劳动力的边际生产率很低,一部分农业劳动力的边际生产率甚至为零;但刘易斯认为劳动边际生产率为零是指农业部门撤出一部分劳动力后,剩余的劳动力会通过增加劳动时间来保持总产出不变。综合以上观点,本书定义农村剩余劳动力指在中国二元化状态向现代化转型过程中,由于土地有限、农村人口数量众多、传统农业部门资本投入少,根据边际生产率递减原理,农业劳动力的边际生产率很低甚至为零,农业部门撤出一部分劳动力后,剩余的劳动力会通过增加劳动时间来保持总产出基本不变。

二、　农村转移劳动力

农村转移劳动力是指农村剩余劳动力进入城市部门从事第二、第三产业工作后,由于无法获得城市户籍,仍保有农村户籍的城市部门劳动者,他们是拥有农村户籍但主要在非农部门工作的劳动力,包括区域内和跨区域转移的农村劳动力,考虑到当前中国农村劳动力向非农部门转移主要采用打工的方式,而自主创业的比较少,所以本书把农村转移劳动力等同于平常所说的"农民工"。

三、　农村转移劳动力价格扭曲

在经济学中,劳动市场歧视有特定的定义:如果说具有相同生产率特征的工人仅仅是因为他们所属的人口群体不同而受到不同对待,那么我们就可以说在当前存在劳动力市场歧视(伊兰伯格、史密斯,1999),通常可以分为工资歧视和职业歧视两个方面。参照劳动市场歧视的定义,我们定义农村转移劳动力价格扭曲为农村转移劳动力进入城市部门工作后,去除其自身因素外而比城市部门其他劳动者少得的收入,包括显性少得工资、隐性少得福利保障和隐性工作时间长而未获补偿的收入。

四、 农村转移劳动力价格趋同

农村转移劳动力价格趋同是指由于农村转移劳动力数量增长率的下降，以及随着经济增长所需劳动力数量的增加，农村转移劳动力名义价格加速上升，逐步动态地接近于所在地城镇劳动力名义价格，最终达到所在地城镇劳动力名义价格水平。但是由于城镇劳动力拥有附加在户籍上的一系列隐性福利，当农村转移劳动力名义价格超过所在地城镇劳动力名义价格水平以后，或者农村转移劳动力拥有了附加在户籍上的一系列隐性福利之后，农村转移劳动力实际价格才会绝对趋同所在地城镇劳动力实际价格。然而各地区由于经济发展水平的差异，不同地区还继续存在劳动力价格差异。

第二节　理 论 基 础

一、 马克思主义劳动理论

（一）马克思主义劳动力工资理论

1. 理论主要内容

马克思主义经济学认为，劳动力价值或价格转化为工资形式。作为特殊商品劳动力的价值决定工资，生产再生产劳动力这种特殊物品的价值是由所必需的劳动时间决定的，维持劳动力所有者所必需的生活资料的价值、工人子女的生活资料价值和提高生产技能的劳动力培养训练费用组成劳动力的价值。[1]另外，与其他商品的价值不同，劳动力的价值还具有历史道德因素，也就是劳动力的价值随着社会文明程度的提高及经济的发展也必须相应提高。因此，马克思主义政治经济学理论认为劳动力也是一种商品，生产、发展、维持和延续劳动力所必需的生活资料的价值决定劳动力的价值；劳动力的使用价值是劳动者进行生产劳动的能力，工人的劳动过程就是使用价值的消费过程，剩余价值的源泉来自于劳动力的使用价值；工资是劳动力商品的使用价值及劳动耗费价值的综合反映（向国成、韩绍凤，1996）。

2. 简要评述

马克思主义劳动力工资理论把工人工资的构成分成了三个部分：一是工人的生活资料价值；二是工人家庭及子女的生活资料价值；三是工人的培训发展费用。同时，劳动力的价值还要随着社会经济和文明的发展而不断提高；另外，工人的工资是工人的劳动力商品价值和使用价值的综合反映。马克思主义劳动力工资理论基本客观地说明了劳动力价值的构成、发展及其表现形式，对现实中国劳动力转移问题具有较强的解释力。

（二）马克思主义劳动异化理论

1. 理论主要内容

在劳动异化理论中马克思提到，如果资本在一个国家或地区市场中长期稀缺将会导致资本垄断劳动价格的格局，也就是资源主导型市场格局，这将导致劳动与资本之间的不平等交易和不平等竞争。在劳动关系方面的反映，便是掌握了大量生产资料的资本家对劳动者进行强压式的管制及交易，其具体表现通常是资本家会最大限度地加强工作强度、压低劳动者的工资、降低劳动者的工作条件、对劳动者任意辞退导致其失去工作保障，甚至在精神上对劳动者进行折磨等。[2]马克思还指出，劳动者即使是在对其最有利的社会状态下也会很难避免受到机器及资本的奴役，对某些劳动者而言，由于劳动者之间的相互竞争而对其产生各种不利情况，一部分劳动者会因这种竞争而导致失业，而为保住工作，另一部分劳动者很可能主动地接受更差的劳动条件及更低的工资水平，甚至劳动者的工资水平会下降到仅仅能维持其生计的最低限度。[3]

2. 简要评述

马克思主义劳动异化理论认为国家或地区的资本稀缺将导致资本的买方垄断，造成资本单边决定劳动力价格的垄断局面，进而造成资本对劳动者的奴役和剥削；另外，就是在对劳动者比较有利的社会环境下，由于劳动者供给数量过多及劳动者之间的竞争，也会带来对劳动者不利的工资水平和工作条件。这对改革开放之初中国资本稀缺，农村存在大量剩余劳动力的条件下，农村转移劳动力的价格扭曲形成有较强的理论说服力。

（三）马克思农业劳动力转移理论

1. 理论主要内容

马克思概括了农村劳动力转移的社会历史根源,预言了劳动力转移所带来的农村巨大的社会经济变革,马克思运用历史唯物主义的方法,考察了农村劳动力转移的历史必然性(张德化、胡月英,2013)。

（1）农业劳动力转移是现代农业代替传统农业的历史必然。传统农业属于以自给性生产为基础的经济,典型的维持生计型农业,历史终将会把这种分散且落后的农业经济形式淘汰,随着这种旧的社会制度被资本主义生产方式所战胜,农业产品及生产要素作为商品通过市场交易被纳入农业领域,这将导致农业合理化,进而才有可能使农业按社会化方式经营。农业一旦被资本主义生产所占领,随着在农业中执行职能的资本的积累,对农业工人人口的需求就会绝对的减少,一些农村人口就会经常准备着转入制造业无产阶级或城市无产阶级的队伍。小农经济随着农业规模化经营及工业化加速了解体,并从土地束缚及封建宗法关系中解放出大量农业人口,进而使其成为农业工人或产业工人。[4]

（2）农业劳动力转移的直接原因是在农业中广泛的应用现代技术。与以前的其他制度相比,资本榨取剩余劳动的条件及方式,都更有利于社会关系的发展,有利于生产力的发展,有利于创造出新形态的更高级的各种要素。在私有制条件下一般的范围内,农业凭借刻板及单纯经验沿袭下来的经营方法,被资本主义生产方式转化为农艺学自觉的科学应用。[5]现代耕作技术及机器的应用导致工人年龄持续不断的降低,因此有可能大规模地使用儿童及妇女,这反过来又会成为造成农业中男性工人过剩的一个新手段,并导致他们的工资降低,所以,许多农业工人被迫离开农村到城镇去寻找栖身之处。[6]现在的人口过剩与现代强迫移民情况完全不同,完全不是因为生产力的落后而导致的;与此相反,正是因为生产力的增长造成人口过剩,从而借助于移民来消除过剩的人口,以达到减少人口的目的;现在是生产力压迫人口,而不是人口压迫生产力,由于现代科学技术在生产中的运用,农业人口被从农业地区驱逐出去以后在工业城市集中起来,这里所指的是由于大规模采用现代农业耕作技术与使用机器耕种土地,以及由于大地主占有制和土地的集中而引起的强迫移民。[7]

（3）强调农业在劳动力转移过程中的基础地位,应不断提高农业生产率。社会分工的发展以及传统农业生产技术的累积,为现代工业的发展和传统经济的分化提供了物质技术条件。马克思强调传统经济形成农业与现代工业分工的前提条件是农业剩余,而由资本主义生产方式来完成了真正发展农业的任务。资本主义生产方式的本性导致它在不断提高劳动生产力,同时又拼命扩大资本积累,不断推进经济生活的城市化及工业化,从而不断地转移农业剩余劳动力(杨玉华,2006)。

（4）资本积累是农业劳动力转移的根本驱动力。随着资本积累增加,尽管资本有机构成不变,对劳动力需求也在增加;即使劳动力需求在资本有机构成不断提高的情况下相对减少,但劳动力需求总量仍是增加的,因此,随着城市工业的发展,非常迫切地需要大批工人。一方面资本积累扩大了对劳动的需求,另一方面资本积累又扩大工人的供给。与此同时,就业工人由于失业工人的压力被迫付出更多的劳动,从而使劳动的供给在一定程度上不依赖于工人的供给,在这个基础上劳动供求规律的运动成全了资本的专制。劳动力不能脱离资本,而且作为价值增值的手段必须不断地并入资本,实际上劳动力的再生产是资本本身再生产的一个因素,所以,资本的积累也就是无产阶级的不断增加。一部分农村居民以前的生活资料随着他们的游离也被游离出来,现在他们的这些生活资料变成可变资本的物质要素,被驱逐出来的农民必须以工资的形式,从新主人——工业资本家那里挣得这些生活资料的价值,与生活资料的情况一样,国内农业提供的工业原料也转化为不变资本的一个要素。不仅生产剩余价值与商品,资本主义还再生产越来越大规模的雇佣工人阶级,这样绝大多数农业生产者就被资本主义生产变为雇佣工人。[8]

（5）劳动力转移与工业化进程一致,受社会经济发展水平制约及影响。在谈到社会关系上大工业对农业和农业生产当事人引起的革命时,马克思指出,农村剩余劳动力转移的规模和路径由于资本主义农业发展水平的不同是不一样的。农业中转换为可以自由利用的劳动力,随着资本主义生产方式占领农业领域的深度越深就越多。过剩的农业工人在英格兰转化为工厂工人；而在爱尔兰，农业工人被驱逐到城市里去，但他们仍然是农业工人，尽管他们对城市的工资形成压力，但仍然不断地被送回农村去找活干。[9]在工业化的初始阶段，工业部门相对弱小，传统农业部门相对庞大；随着现代工业的迅速发展扩张，农业剩余劳动力开始大规模地向现代工业部门转移。资本主义生产方式只是非均衡地、缓慢地侵入农业，自耕农转化为新的小农经济以及雇佣工人，是这种生产方式实际上的最后一次征服，因此，与任何其他产业部门相比，这些不平衡在这里都大。[10]

2. 简要评述

马克思主义劳动力转移理论强调劳动力转移是现代经济发展的必然趋势，农业技术进步直接推动了农业劳动力的转移，农业剩余和资本积累是农业劳动力转移的根本驱动力，并且农业劳动力转移是与社会经济发展水平及工业化进程相一致的；从以上可以看出，马克思主义劳动力转移理论和发展经济学的劳动力转移理论内在逻辑是一致的，基本概括了劳动力转移的主要内容，也符合中国的现实经济情况。

(四) 马克思主义制度理论

1. 马克思主义劳动产权理论

在马克思主义经济理论中，产权是作为主体的人围绕或者通过作为客体的财产而建立和形成相应的经济权力关系，产权以人对物发生的关系而呈现，然而实质上反映了物掩盖下的人与人之间的关系；产权主体是指相对应于财产的经济责任、权益以及责任的承担者，包括社会集团、各阶级及个人的各种不同组合，并从在社会经济关系中不同的主体其不同的地位和作用来确定其状况与性质；马克思归纳了所有权、占有权、支配权、使用权四种基本产权关系，这四种基本产权关系在一定程度上可以分离或者相互结合(邹森，2011)。

马克思不仅对资本产权进行了全面研究，还深入地研究了劳动力产权。与资本产权一样，在发达的商品经济条件下，劳动力产权包括所有权、使用权、占有权、收益权、支配权、处置权和剩余索取权等，所有权是最重要的劳动产权。劳动者身份、地位、利益及权利的根本性基础是劳动力的所有权，所以说其他一切权利是由劳动力所有权决定的。劳动力的占有、使用、收益及处置等各种权能组成劳动力所有权，其中，所有权可以把占有权能派生为相对独立的权利；劳动者对劳动力的处置权利必须牢牢掌控，以便收回与控制劳动力占有权及其再派生的使用权，并坚持及要求劳动力的收益权甚至剩余索取的权能。雇佣劳动制中的劳动者在市场经济条件下拥有个人的劳动力所有权，但由于没有必要的生产资料，大多数劳动者为了生活，必须出卖其所有可以投入生产的唯一的劳动力商品，以使资方的生产资料与自身的劳动力结合，从而获取必要的维持自身劳动力再生产的生活资料。劳动者拥有一定的对自身劳动力的支配能力，但是劳动者拥有劳动力产权，并不意味着劳动力产权是完整的，而是存在着劳动力产权残缺，而劳动力产权残缺是导致工人受剥削，工人利益受损的根源(张峰，2013)。

2. 马克思主义劳工权益理论

(1) 重视立法保护工人的权益。为了保障劳动力转移，社会要求劳动立法保护劳动力正常的再生产条件。现代工业在农业劳动力转移的过程中，不仅消灭了家庭劳动及小生产的领域，同时，过剩人口的最后避难所也被消灭了，从而消灭了迄今为止整个社会机制中的安全阀。所以，普遍化的工厂立法作为工人阶级精神及身体的保护手段已经不可避免，这种普遍化普遍地加速了分散的、小规模的劳动过程转化为大社会规模结合的劳动过程，从而普遍化及加速了工厂制度的独占统治与资本的积聚。[11]

为了使保护工人合法权益的方法法制化，马克思主义者还强调从法律上限制工人的工作日。马克思和恩格斯认识到，从法律上限制工作日是使工人阶级体力旺盛、智力发达及获得最后解放的第一步。[12]英国工人阶级利用金融巨头与土地巨头之间的暂时分裂，经过顽强的斗争了30年，十小时工作日法案终于获得通过。不仅全面估价了缩短工作日的意义，马克思主义创始人还号召工人阶级作为一个阶级把他们的头聚在一起，来强行争得一项国家法律作为一个强有力的社会屏障。[13]不仅主张将限制工人阶级的工作日上升到立法层次，马克思主义者还积极推动将其他的一些有利于工人阶级生存和发展的权利纳入法律轨道;只有进行大规模群众性的反抗,工人阶级才能争取到国家法律,以保障不再因为自己与资本订立自愿契约,而出卖自己以及自己的后代,沦于奴隶及死亡的境地。[14]

(2) 重视工会的作用。工人权利的丰富和发展并不是统治阶级主动进行的,它是工人阶级通过斗争争取的结果。恩格斯指出政治自由、集会结社的权利和新闻出版自由是工人阶级的武器;[15]英国的工人们建立了经常性的同盟——工联,作为工人同企业主进行斗争的堡垒,所有的这些地方工联已组成为全国职工联合会,最初的目的只是为了维护工资,后来孤立的同盟就组成为集团,工人们为抵制联合的资本而维护自己的联盟,就比维护工资更为必要。[16]另外,美国工人阶级在纽约和东部的其他大城市采取了按职业联合的方式,每个城市都成立了强大的中央劳动联合会,恩格斯也热情赞扬了美国工人阶级的联合。[17]马克思和恩格斯认为如果说工会对于进行劳资之间的游击式斗争是必需的,那么他们作为消灭雇佣劳动制本身和消灭资本权力的一种有组织的力量就更为重要。[18]同时马克思也主张工人阶级能够利用普选权来为自己争取利益。[19]

意大利马克思主义者安东尼奥安·葛兰西也主张公司的每一个人都能选出他们的代表组成工厂委员会,委员会必须切实建立在工厂内部劳动分工的基础上(戴维·麦克莱伦,2008)。东尼奥·奈格里(Antonio Negri)特别强调在不同历史背景和技术条件下工人相对于资本的自治或自主,这种自治或自主(autonomy)是指资本作为一种社会关系,工人阶级是其中的一个能动的组成部分,工人阶级的斗争性内在于资本,并始终具有与资本决裂的可能性(Kinsman and Gary,2006)。

3. 简要评述

马克思主义制度理论主要包括产权、劳动力产权理论和劳工权益理论。劳动力产权理论强调劳动力产权的残缺是造成工人受剥削及权益受损的根源;马克思主义劳工权益理论认为工人的权益是通过斗争争取的,主张通过立法、组织工会来保障工人的劳动权益。在中国现实经济活动中,农村转移劳动力进入城市以后,面对强大的资本方和其他农村转移劳动力的竞争压力,并没有多少真正的处置和支配自己劳动产权的权利,而且工会的主要作用是辅助加强对工人的管理,很难维护工人的利益。因此,马克思主义的制度理论是适合于解释中国的经济问题的。

（五）马克思主义剩余价值理论和资本积累理论

1. 主要内容

马克思主义剩余价值理论指出雇佣工人的工作日由必要劳动时间和剩余劳动时间组成,工人的剩余劳动是剩余价值的唯一源泉,资本家要获得剩余价值,就必须把工人的劳动时间延长到必要劳动时间以上,绝对剩余价值的生产主要手段是延长劳动时间。相对剩余价值的生产是通过缩短必要劳动时间,相应地改变工作日中必要劳动与剩余劳动的比例而生产的剩余价值;通过变革劳动过程的技术条件和社会条件,改革生产方式本身,提高劳动生产率,才能生产相对剩余价值(陈信等,2004)。当代国外一些马克思主义经济学家放弃了阶级分析方法,从纯粹技术扣除的角度说明了剩余价值的产生:(1)生产商品的社会必要劳动时间决定了商品的长期价值,长期价值是所有商品的交换基础;(2)劳动力与其他商品一样,是以它的长期价值为基础买卖的,生产工人所要的社会必要劳动时间决定了其长期价值;(3)在生产经营活动中,资本家从工人劳动中抽取了一些时间的劳动花费,这些时间数可能远远多于生产工人的价值所需要的时间数,因此,产品的价值也即价格与工人的价值也即工资之间的差额,就成为剩余价值或利润(Roemer,1982)。

马克思主义的资本积累理论对简单再生产过程的分析表明,资本家用来购买劳动力的工资是工人自己创造的,资本家用来剥削工人的资本在生产过程连续不断的进行中,都将转化为积累的资本,都是剩余价值转化来的。对扩大再生产的分析表明,积累的资本在它的起点上就是剩余价值的资本化,是工人血液的凝固(陈信等,2004)。

2. 简要评述

马克思主义剩余价值理论和资本积累理论揭示了剩余价值的源泉和资本积累及扩大再生产的起点都是工人的剩余劳动;如果去除掉马克思主义剩余价值理论和资本积累理论中的阶级因素外,也适用于分析中国剩余价值的生产和再生产,也可以用来分析中国的现实经济问题。

二、 发展经济理论和新制度经济理论

(一)刘易斯劳动力转移模型

1. 模型主要内容

刘易斯认为在发展中国家存在着二元经济结构,即存在着两个部门:一个是用传统生产方式进行生产且劳动生产率非常低的农业部门(非资本主义部门),另一个是用现代生产方式进行生产且劳动生产率以及工资水平比较高的现代工业部门(资本主义部门);而经济增长主要依靠现代工业部门的生产扩张,农业部门为现代工业部门的生产扩张供应了大量廉价劳动力。发展中国家人口增长很快,劳动力资源丰富,然而由于传统农业部门资本投入有限,因为劳动力的边际生产率递减,农业劳动力的边际生产率很低,一部分农业劳动力的边际生产率甚至为零,因此,相对于有限的土地资源,农业劳动力过剩,大量劳动力处于隐形失业状态,这就导致农业劳动力的收入水平非常低,仅仅能够维持本人及家庭的最低生活水平。传统农业部门的低工资水平决定了城市工业部门的工资水平不会太高,只会略高于农业部门生存所需的不变制度工资水平。只要两部门有工资收入差别,大量的农业剩余劳动力就会无限流入城市工作,因此,从某种意义上来说,劳动供给对现代工业部门是无限的,现代工业部门可以以现行不变工资雇佣到所需的劳动力(谭崇台,2000)。刘易斯(1958)把发展中国家经济发展分成两个阶段:第一阶段为无限劳动供给阶段,资本稀缺但劳动力丰富;第二阶段所有生产要素都稀缺,生产要素供给是无弹性的,资本积累时,工资也会变化。由第一阶段转变到第二阶段,劳动力由剩余变为短缺,相应的劳动力供给曲线开始向上倾斜,劳动力工资水平也开始不断提高。

2. 简要评述

刘易斯劳动力转移模型的基础是发展中国家存在二元经济结构,其特点是把劳动力转移划分为两阶段:第一阶段,由于传统农业部门的低工资水平和无限劳动供给导致了农村劳动力在城市部门只能获得不变制度工资水平;第二阶段,由于劳动力由剩余变为短缺,市场开始逐渐代替制度对劳动力工资水平的决定发挥作用,劳动力工资水平也开始上升。这

比较契合中国劳动力转移的历史过程和现实情况,对研究中国的劳动力转移有较好的借鉴作用。

(二)拉尼斯—费景汉劳动力转移模型

1. 模型主要内容

拉尼斯—费景汉劳动力转移模型清楚地刻画了城市工业部门和农业部门之间的发展关系,更重视农业劳动力向城市转移过程中的农业劳动生产率提高的作用,把工农业发展与农业劳动力向城市转移联系起来,把农业劳动力向城市转移过程分为三个阶段:第一阶段,传统农业部门因为劳动力丰富而存在大量隐性失业人口,一部分农业劳动力的边际生产率几乎为零,因此,即使从农业部门转出一部分剩余劳动力,也不会减少农业部门产出,城市工业部门可以以不变制度工资持续地吸收农业转移劳动力;第二阶段,由于农业生产的发展,农业劳动力的边际生产率开始提高,开始转为正数,当农业劳动力转入城市时,农业部门总产品就会减少;第三阶段,当农业部门的隐形剩余劳动力被吸收完毕,农业劳动力的工资水平不再是由非市场因素决定的不变制度工资,而是由劳动力市场来决定,这时农业已经商业化,城市工业部门如果继续吸收农业劳动力,必须支付由劳动生产率决定的工资。

在图 2-1 中,a 图代表城市部门,横轴 OB 代表城市部门的劳动力,纵轴 OA 代表工资或劳动力的边际生产率;b 图代表农业部门,横轴 OK 代表农业劳动力,纵轴 KJ 代表农业边际产品,HNP 是不变制度工资线,KLNQ 即 MPL 是农业劳动边际生产率曲线,AS 是农业剩余曲线。b 图中的第一阶段农业剩余劳动力为 KL,农业剩余劳动力的边际生产率为零,KL 的农业剩余劳动力转移到了城市部门为 a 图中的 OE,同时,a 图中劳动需求曲线 ab 和劳动供给曲线 CD 相交于 g 点,相应的劳动需求量为 OE,劳动供给曲线 CD 分为水平的 Cg 和上升的 gD,g 点即刘易斯所说的劳动力供给转折点,此后,剩余劳动力不再无限供给,劳动力开始变为稀缺要素;在第一阶段,由于农业劳动力过剩,只要工业部门提供不低于不变制度工资 SW 的工资,即可吸引大量农业剩余劳动力。随着资本积累和技术进步,a 图中劳动需求曲线外移到 cd,和劳动供给曲线

CD 相交于 h 点,劳动需求量增加到 OF,相对应着 b 图中的第二阶段,此阶段,农业劳动边际生产率大于零但小于不变制度工资,存在隐性剩余劳动力。随着资本积累和技术进步,a 图中劳动需求曲线外移到 ef,和劳动供给曲线 CD 相交于 i 点,劳动需求量增加到 OG,相对应着 b 图中的第三阶段的开始,在第三阶段,农业部门已不存在剩余劳动力,农业部门已经进入商业化阶段,城市部门要想吸引更多的农业劳动力,工资就得提高到农业劳动边际生产率以上,HNQ 就变成了农业部门劳动力对城市部门的供给价格曲线,此时,两部门的工资都由市场决定。b 图中的 M 即商业化点,此后,随着不断的资本积累和技术进步,城市部门需求更多的劳动力,但农业部门已无剩余劳动力,因此,劳动力急剧短缺,农业转移劳动力价格加速上升,直到达到甚至超过城镇劳动力价格水平。

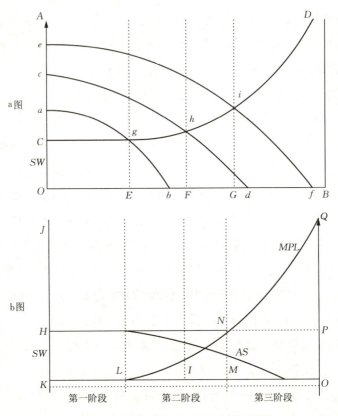

图 2-1   拉尼斯—费景汉劳动力转移模型

2. 简要评述

拉尼斯—费景汉劳动力转移模型发展了刘易斯劳动力转移模型,把农业发展和劳动力转移联系起来,把劳动力转移过程分为三个阶段,使劳动力转移理论更加贴近于现实经济情况,增强了劳动力转移模型对现实经济的解释力度。

(三)乔根森劳动力转移模型

1. 模型主要内容

乔根森也把发展中国家经济分为现代工业部门和传统农业部门,假定农业产出唯一生产要素是劳动,工业产出是劳动与资本的函数;假定随着时间增加,两部门产出会自动增加,这种产出增加而要素不增加的现象叫做技术进步,并且假定技术进步是中性的。乔根森认为,首先,向现代工业部门的转移是消费需求拉动的,其主要原因是消费结构的变化;当农产品已经满足了人口需求时,消费需求对农业发展的拉动就会停止,农业人口就会开始转向需求旺盛的现代工业部门。其次,农业剩余是农业劳动力转向现代工业部门的基础,乔根森否认大量边际生产率为零的剩余劳动力存在于农业部门。再次,当农业部门产品增长率也即人均粮食供给增长率高于人口增长率时就产生了农业剩余;经济增长决定了人口的增长,而且人口增长是有生理界限的,但是不断的技术进步则保障了经济的持续增长,所以,经济增长肯定会超过人口的增长,因此也就必然会出现农业剩余。最后,在农业部门劳动力转到现代工业部门过程中,工资是持续增加的。为了吸引农业劳动力,现代工业部门需要提供比较高的工资水平,由于农业劳动生产率的不断提高,农业部门的工资水平也不断提高。

2. 简要评述

乔根森劳动力转移模型属于新古典经济理论,否认大量边际生产率为零的剩余劳动力的存在,也潜在假设了市场是没有摩擦的,更忽视了制度对劳动力转移的影响。乔根森劳动力转移模型更适用于市场经济完善的发达国家,对中国这种政府强力介入干预市场经济的国家的解释力有所欠缺。

（四）托达罗劳动力转移模型

1. 模型主要内容

托达罗劳动力转移模型首先假定尽管城市存在失业，劳动力向城市迁移决策仍然是理性的，劳动力迁移过程不是对城乡实际收入差异的反应，而是取决于城乡预期收入的差异，预期收入取决于城乡工作实际收入差异和迁移劳动力在城市中寻找到一份工作的可能性。托达罗劳动力转移模型假定在一定时间内，如果一个迁移劳动力在城市的预期收入高于当时农村一般的平均收入水平，那么他就会迁移到城市。

在城市存在充分就业时，劳动力的迁移决策只是取决于能否获得最高工资收入的工作期望，而不管在哪里能找到这种工作；然而，从大部分发展中国家的现实情况来看，一个普通的迁移劳动力很难当即就能在城市获得一份高收入的工作，所以在做迁移决策时，迁移劳动力必须把在城市中一段时间内的失业风险考虑进去，与城乡实际收入的差异进行比较，权衡迁移是否理性。如果假定从一段相当长的时期内来考虑迁移，则迁移决策应当依据更长期内的收入计算，在迁移计划期内，只要预期城市收入的净现值高于预期农村收入的净现值，迁移决策就是理性的。因为，工资和就业概率一起决定了城市的预期收入，所以，尽管城市存在较高的失业率，但是，劳动力仍然不断地向城市迁移（托达罗，2002）。在式（2.1）中，城市制造业部门的就业量 L_M 与城市总劳动力数量 L_C 之比表示农村迁移劳动力在城市找到一份有利可图工作的概率，$\overline{W}_M$ 表示城市制造业部门的平均工资水平，$\dfrac{L_M}{L_C}(\overline{W}_M)$ 表示城市预期收入，农村收入水平 W_A 与城市预期收入相等是迁移者不在乎地理位置而迁移的必要条件。

$$W_A = \frac{L_M}{L_C}(\overline{W}_M) \tag{2.1}$$

2. 简要评述

托达罗劳动力转移模型强调了农村劳动力的转移是以城乡预期收入差异及城市就业概率为基础进行理性决策的，并且对尽管城市存在一定的失业率，农村劳动力仍然源源不断地流入城市的现象进行了较有说服力的解释。对托达罗劳动力转移模型进行扩展后，加入城乡公共产品供给差异的因素，较适合于解释中国现实经济情况，但是托达罗劳动力转移模型仍然忽视了在中国这样的政府垄断大部分资源的发展中国家，制度对市场经济运行的巨大影响力。

（五）新制度经济理论

1. 理论主要内容

加尔布雷思、鲍尔丁和缪尔达尔为代表的新制度学派（2006）强调制度与结构因素在社会经济演进过程中的重要作用，他们所说的制度既包括各类有形的机构或组织，如国家、公司、工会、家庭等，也包括无形的制度，如所有权、集团行为、社会习俗、生活方式、社会意识等。所以，经济学的研究对象不只局限于经济问题，还应该研究正在变化着的经济制度以及与经济有关的其他一切事物（如政治、社会方面的各种问题）。

新制度经济学派批判地继承发展了新制度学派的观点，新制度经济学的有机体系由四大支柱组成：(1)制度的起源和制度的构成；(2)制度创新与制度变迁，包括制度需求与制度供给；(3)制度产权与国家理论；(4)制度与经济发展的相互关系（卢现祥，2003）。制度选择与制度变迁可以用需求供给理论框架进行分析；改变现有的制度安排，制度创新者能够获得在原来制度下得不到的利益；任何制度安排都有可能影响资源配置效率和收入分配；面对政界的企业家的边际成本决定制度创新的供给，政界企业家试图设计新的制度，并且解决存在于既得利益集团之间的冲突。制度创新的供给由于政界企业家的私人收益不等于社会收益而导致不会达到社会最佳水平。因此，社会各既得利益集团的力量或权力结构的对比决定了制度创新的供给，制度供给的速度和内容是由各利益集团力量的对比决定的。

2. 简要评述

新制度经济理论将制度引入了经济模型中，强调任何制度安排都有可能影响资源配置效率和收入分配，特别提及了产权及政府活动对经济造成的扰动作用，从而解决了新古典经济理论对市场过于完美的预设前提。因此，新制度经济理论对中国这种政府控制经济的国家具有较强的解释力。

三、 现代西方经济学理论与马克思主义理论的兼容之处

（一）现代西方经济学与劳动价值论及分配理论

目前，国内一些学者认为马克思主义劳动价值论及分配理论与现代西方经济学的劳动、资本和土地三要素决定价格的理论有一定的兼容之处，主要有以下几种观点：(1)劳动价值论是马克思主义政治经济学的理论前提。他在科学抽象的基础上，运用从抽象到具体、从简单到复杂的叙述方法，极其严密地论证了劳动创造价值和按要素分配这两个经济事实之间的统一性。马克思依次论述了货币转化为资本，资本带来剩余价值，剩余价值分解为利润、利息和地租，因此，生产要素分配只是处于经济生活表面层次的一种现象，是对商品经济条件下分配方式的直观描述，所以，劳动价值论和生产要素分配并不矛盾（陈新春，2001）。(2)价值的创造与价值的分配是两回事。价值的分配并不是由价值的创造决定的，而是取决于生产关系的性质，分配关系只是一定的生产关系的反映。因此，雇佣工人以劳动力商品所有者的资格取得工资，资本家以生产资料所有者的资格取得利润，土地所有者凭土地所有权取得地租（弓孟谦，2001）。(3)活劳动与物化劳动共同创造价值。由于劳动、资本、土地等要素在价值形成中发挥着各自的作用，因而工资、利息和地租不过是根据劳动、资本、土地等生产要素所做的贡献而给予这些要素所有者应得的报酬。物化劳动对人类的活劳动具有"吸收—储存—转移—释放"的功能，物化劳动在创造价值的过程中不仅转移自身的价值，还要将自身储存的活劳动释放出来，这种释放出来的活劳动即为间接活劳动，它与直接的活劳动没有本质的区别。因此，按生产要素分配以及按资分配是公正合理的（赵磊，1997）。

（二）新制度经济理论与马克思主义制度理论

在新制度学派的国家理论中有一些带普遍价值规律的东西，在一定的意义上它们同马克思主义的相关论述有相通之处。诺思的国家理论是其三大理论（产权理论、国家理论和意识形态理论）支柱之一。在国家产生上，诺思对国家模型的构造是建立在一定的经济分析之上的，具有深厚的唯物主义基础；在对国家职能的认识上，诺思在暴力潜能、统治阶级利

益的至上性、国家的暴力潜能和"诺思悖论"这四个方面深受马克思主义的影响,在某种程度上是对马克思主义相关论述的一种归纳或展开。它从经济层面把马克思主义方法论运用到一个更微观层次,将现代经济学原理和方法贯注到政治学、行政学的传统领域之中,这在客观上使人们看到了马克思主义国家理论的生机和活力(罗峰,2000)。

综上观点,现代西方经济理论与马克思主义经济理论并不是完全对立的,有其兼容之处,因此,两种理论可以共同作为本书的理论基础。

第三节 农村转移劳动力价格扭曲的原因研究

一、 基于政治经济理论角度的研究

(一)基于马克思主义劳动力价值理论和工资理论的研究

根据马克思主义劳动力价值理论和工资理论,我国劳动力市场是雇主需求主导的垄断型竞争市场,中国的劳动力市场存在着劳动力供给严重过剩问题,在劳动力市场中,劳动者和雇主的权益博弈时,劳动者整体也处于弱势地位,而雇主则处于垄断地位的优势状态,因此这种劳动力供给长期过剩的买方需求垄断市场导致农民工工资过低(肖延方,2007)。另外,从农民工劳动力价值本身出发,因为农业劳动生产率低,由此导致农民从事农业生产的劳动力价值很低,农业生产收入是农民工的最低生活保障,因此农民工能够接受的最低工资是农业生产的劳动力价值,所以农业劳动力价值低是导致农民工工资低的基础性原因。此外,农民工整体素质不高也是农民工工资偏低的一个重要原因(郭兴达等,2010)。尽管寻求对农民工低工资的理论解释是这些学者的初衷,他们的最终目的还是要提高农民工的收入水平,但这种分析思路反而为低端劳动者的低工资提供了合理性解释,可能导致完全适得其反的效果。现阶段中国名义上虽然是一种按劳分配,实际上则是处于一种按劳动力价值分配的尴尬状态,长期被压制的低端劳动力价格几乎接近下限,最低工资标准原本是出于保障劳动者收益的目的,现在反而成为许多企业打压工人增加工资诉求的借口和确定工资水平的依据(周彩霞,2009)。

(二)基于马克思主义制度理论的研究

首先,有些学者从农民工的劳动权益角度进行了考察研究。受户籍制度限制的农民工对劳动力拥有不完全所有权,不是完全自由的劳动力,劳动力所有权是劳动力商品的前提,因此,农民工劳动力只能算是半商品,半商品劳动力价值只包括劳动力再生产所需要的一半费用,农民工从农业经营收入中获得另一半费用,因此农民工工资长期非常低(杨思远,2005)。由于二元劳动力市场的存在,外劳的人力资本难以得到正当的评价。能否找到一份好的工作,主要靠的不是个人的能力和努力程度,而是户口的所在地及其性质(严善平,2007)。双重身份使得农民工只是半商品,现阶段低端劳动者的工资水平主要是政府人为扭曲资本—劳动力比价造成的,并非通过市场交易完全由劳资双方决定的。经济增长是地方政府的中心目标,地方政府的态度往往会倾向于资本,各级政府往往更多地变相保护、支持及关照作为资本所有者的雇主,他们享受到更多的强助权利。与之同时,普通劳动者的不利地位又因组织资源的悬殊、工会力量的缺失而大大恶化(周彩霞,2009)。

其次,有些学者从农民工的维权组织角度进行了考察研究。农民工个体性就业和组织化程度偏低使得农民工在与政府、用人单位、职业培训机构、劳动中介机构以及媒体等社会集团的互动中处于被动地位,以至于这一中国最大的产业工人群体几乎处于集体失语状态,这是农民工低工资问题的根源(李南沅,2013)。只要农民工缺乏有效的维权组织制度,以及通过谈判和法律维权交易成本巨大,农民工劳动力的产权侵害将长期存在(邹淼,2011),农民工劳动力的价格扭曲也将很难消失。然而Richard(1974)运用修正的新古典模型和新马克思主义方法,却得出了和预期相反的结论,通过回归分析支持了新马克思主义的阶级假设,在当代美国大城市劳动力市场上,行业工会和黑人与白人之间的收入差距存在相反的联系。

再次,有的学者从企业制度角度考察了劳动力的转移、农民工失业和收入差距问题。一国劳动力就业的规律是由中小企业及微型企业吸纳总就业的65%—80%;中小企业和微型企业多就会导致中等收入人口比例高,就业不足及失业造成的贫困人口比例就低,收入分配的差距就会显著的小一些。目前,如果中国重点发展大型及特大型企业,忽视与歧视发展中小企业及微型企业的体制、战略及政策不彻底改变,实际上剩余劳动力的转移、收入分配差距拉大与城镇失业的问题就无法解决。并且,未来中国有可能会滑向拉美陷阱(周天勇,2006)。

最后,有的国外学者用马克思主义的阶级分析法研究了工人、管理层和雇主三个最重要的阶级,然后分析基于阶级地位和教育、职业状态、年龄、工作时间之间的收入回报的联系,发现在阶级内部,阶级地位和教育程度之间有实质性的相互联系(Erik and Luca,1977)。也有国外学者从不同民族和集团所拥有的资源不同方面分析了劳动力价格差异的原因,劳动力价格的差异是和不同的种族与集团所拥有的资源不同相联系的,不同的种族集团是社会基本的组成部分,可以利用它支持本集团成员进入社会大厦中(Edna,1972)。

二、 基于现代经济理论的研究

加尔布雷思、鲍尔丁和缪尔达尔为代表的新制度学派(蒋自强等,2006)强调制度与结构因素在社会经济演进过程中的重要作用。所以,经济学的研究对象不只局限于经济问题,还应该研究正在变化着的经济制度以及与经济有关的其他一切事物(如政治、社会方面的各种问题)。Doringer 和 Piore(1971)的二元分割劳动力市场理论认为二级市场劳动者工资低主要受需方和制度因素的作用,他们同意二级市场劳动者技能低于一级市场劳动者,然而,工资差异却大于劳动者技能差异,大量二级市场劳动者不能进入一级市场不是因为他们没有劳动技能,而是因为一级市场的需求方歧视他们,因此,劳动力市场的分割主要由社会制度因素造成。

国内对造成农村转移劳动力价格扭曲的原因进行了深入分析。首先,我国城乡劳动力市场二元分割阻碍了劳动力自由流动,由此产生了劳动力价格扭曲,要促进劳动力正常流动就必须缩小城乡劳动力的人力资本投入差距(韩秀华,2006);其次,农民工的工资决定中受到城乡、区域的双重歧视,农民工工资歧视主要是岗位间的歧视,这种歧视由人力资本和社会资本差异决定(韩靓,2009);再次,我国农民工的工资水平由农民工与企业相互博弈决定,由于农民工的博弈力量非常小,使其在工资谈判中处于明显的弱势地位,农民工工资水平因此出现了扭曲,这种低下的工资水平是我国城乡分割、重城轻乡的制度安排造成的(彭红碧,2010;安增龙、罗剑朝,2005;何力武、罗瑞芳,2010)。另外,李艳玲和李录堂(2008)认为农民工工资剪刀差产生的原因主要有两个,即二元分割的劳动力市场和农民工人力资本水平低下。通过考察户籍制度的历史和改革时期的演变,Cai Fang 和 Dewen Wang(2003)讨论了这一制度对劳动力市场形成起到的阻碍作用,从理论和经验上论证了在迁移劳动力和城市本地劳动力之间存在的待遇差别是制度性的。通过对比中国的迁移政策与发达国家对待外籍劳工的情形,Solinger(1999)认为中国户籍制度的独特性质使得中国不同于大多数国家,中国的国内迁移更接近于国际非法劳工迁移的特征。以上研究基本都认为城乡分割的二元制度、二元劳动力市场和歧视因素是造成农村转移劳动力价格扭曲的主要原因。

三、 实证研究

(一)国外研究进展

Hatton 和 Williamson(1992)研究了美国 1890—1940 年农民和城市非技术工人的工资差异。他们把托达罗劳动力转移方程嵌入两部门模型中,通过推导和计量分析得出,跨部门的贸易交换条件、城市实际工资、农村实际工资和劳动力供应总量对城乡工资差异产生了巨大影响。Sen(1966)研究了外部农民和乡村农民的工资差异,他认为工资差异是由城乡之间不同的生活成本和收入赡养比引起的。John(2002)调查研究了1900 年马尼拉有色人种劳动力市场,显示中国人的平均工资比菲律宾人高 1/3,这种差异大部分来源于中国人超长的工作时间而形成的加班奖金。Jürgen 和 Stefan(2004)从物质资本积累改变劳动力价格从而激励劳动力学习技术的角度,构建了框架去观察工资不平等的产生。Pavle Petrovic(1998)建立了南斯拉夫 47 个经济部门模型,进行推算研究得出,南斯拉夫 20 世纪 70 年代中期的劳动力价格扭曲并不是很大,而且仅有一小部分超额利润溢入工资中。

以上国外的研究主要集中于考察因市场因素而引起的工资差异,然而,也有少数从制度方面进行了研究,Oaxaca(1973)从歧视方面考察了男女性别工资差异,用工资歧视系数推出了男女性别工资差异分解方程,认为工资差异分解为两部分:一是两群体因个体特征平均水平不同而产生的工资差别;二是歧视性的差别对待。

(二)国内宏观方面研究进展

严善平(2006)从宏观方面实证分析了城市劳动力市场中的流动及其决定机制,得出理论假说:第一,中国的城市劳动力市场包含了外劳和本地居民两大部分,但这两部分从业人员所属的市场阶层以及在市场阶层之间的流动状况是不相同的;第二,本地居民和外劳,以及外劳中的民工与城镇居民实现流动的机会是不均等的;第三,在求职过程中选择什么性质的部门、以何种方式在不同部门之间流动,主要取决于以户籍为代表的制度歧视因素,而不是个人的教育水平、工作经历等人力资本。郭继强(2007)耦合了他们在城市打工和在农村务农的工资决定机制,认为被忽视的"农村剩余劳动力与城市失业并存"这种类型将形成农民工"城乡双锁定"的工资决定模型,由此刻画了一种即使在劳动力可流动的条件下也会出现并且仅靠市场化无法有效消除的新城乡二元结构,同时,该模型还为诠释农民工的低工资现象以及所谓的"民工荒"现象,提供了一个新的理解视角。陈纯槿和李实(2013)利用夏普里值分解方法,定量考察了城镇劳动力市场结构变迁如何导致劳动收入不平等的变化,研究结果显示中国城镇劳动收入不平等扩大是市场化改革的必然结果,教育收益率上升引起社会收入分配机制的变化;但也存在一些不合理因素,特别是由户籍制度壁垒造成的城乡二元经济社会结构依然存在。

(三)国内微观方面研究进展

国内微观方面的一些研究通过实证计量分析,对引起工资差异的因素区分为个人特征引起的差异和歧视引起的差异。利用最近的农民工与企业调查数据,姚先国和赖普清(2004)探讨了劳资关系城乡户籍差异的问题,得出在劳资关系各方面城乡工人之间的巨大差异主要来源于两个方面:一是农民工受到的户籍歧视,二是就业企业的差异和人力资本水平差异。研究结果发现,70%—80%的两类工人劳资关系差异是由后者解释的，说明人力资本和企业状况是决定工人待遇的主要因素；20％—30％两类工人劳资关系差异是由前者解释的，这显示同样不能忽视户籍歧视所造成的差距。王美艳（2003）计量得出农村迁移劳动力和城市本地劳动力的工资差异中，只有24％能够被个人特征的差异所解释，而剩余的76％是被歧视解释的部分。王美艳（2005）研究了本地和外来劳动力所面临的报酬与就业机会，结果显示，城市本地劳动力与外来劳动力之间的工资差异中，59％是由就业岗位间的工资差异造成的，41％是由就业岗位内的工资差异造成的，且由歧视等不可解释的因素造成了43％的工资差异。Meng Xin 和 Junsen Zhang（2001）研究发现，城市本地劳动力与外来劳动力之间82％的工资差异是由职业内的工资差异导致的，仅仅只有18％的两者工资差异是由职业间的工资差异带来的。谢嗣胜和姚先国（2006）研究得出，在城市工与农民工之间存在较大的平均工资收入差异，其中，个人特征不同形成了44.8％的工资差异，55.2％的工资差异要归结于歧视性因素。歧视性因素包括两个方面：一是对城市工的制度性保护，二是对农民工的直接歧视。姚亚文和赵卫亚（2010）利用 B-O 分解得到东、中和西部的歧视程度分别为25％、10％和20.5％，使用改进的 Brown 分解方法进一步分析职业与工资差异的关系，得到工资差异的66％来源于职业内部的差距，政府和国企这一特征属性对金领和白领职业内部工资差异的解释贡献率较大。谢周亮（2008）通过利用中国健康与营养调查（CHNS）统计数据，运用 Mencer 工资方程，对城镇职工与农民工在1993—2006年间的就业特征进行了比较，计量分析并且计算出了户籍歧视程度，最后得出1993年、1997年、2004年、2005年和2006年各年的户籍歧视程度分别是：约75％、约60.3％、约58％、约59.7％和约59％。

以上研究基本都实证证实歧视和制度因素对农村转移劳动力价格扭曲产生了很大影响。但邢春冰（2008）却提出了不同意见，认为农民工与城镇职工小时收入的差异有90％左右是由劳动者的特征差异造成的，价格差异所导致的收入差异仅为10％。

四、简要评述

以上文献对农村转移劳动力价格扭曲的原因进行了较为全面、详细的研究,不但进行描述性分析,还做了较多的实证计量研究,为后来者的研究打下了一定基础。但是仍有不少值得研究之处:首先,对农村转移劳动力价格扭曲的微观原因实证研究较多,但对其宏观原因实证研究很少;其次,国内把马克思主义经济理论和中国现实情况结合起来,并进行实证研究的较少;最后,大多数研究时间较早,运用方法较为简单。

第四节　农村劳动力转移及价格扭曲
对国民经济的贡献研究

一、　基于政治经济理论角度的研究

（一）基于马克思主义制度理论的研究

一些学者基于马克思主义制度理论从农民工的权益角度进行了研究。农民工在经济上、政治上、社会上的市民地位得不到保障,公民权不充分,不能享受城镇居民在就业、住房、社会保障以及子女教育等方面的同等待遇。这限制着他们在城市定居和生活,这种情况下,他们不得不以廉价的工资受雇于国有资本、私人资本和国际资本,从而为城市部门做出了巨大贡献(李南沉,2013)。主要有两个主体对中国劳动力转移实施歧视行为:一个是企业的歧视行为,一个是政府的歧视行为。工资收益受到企业的歧视行为的影响比较强烈;对于政府的歧视行为,主要表现在不够重视农民工的社会保险,不够重视进城农民工培训和农民工子女的教育,以及在福利收益享受方面与城市户籍的劳动力相比差别较大。通过这两种对农民工的歧视行为,导致大量的本该农民工所得的工资剩余转移到了城市部门(杨松,2011)。

另外,有的学者从企业制度方面进行了考察。自我雇佣的农民工因为资本的所有权、经营权与劳动力的使用权统一,不存在产权侵害问题;国有企业、集体企业因为所有权、经营权主体与劳动力的所有权、发展权主体之间的利益目标方向基本一致,产生的产权侵害问题可能较小;而外资和民营企业因为追逐利润最大化目标,致使企业所有权、经营权主体与劳动力的所有权、发展权主体之间的利益目标方向完全背离,这些企业对

于农民工的产权侵害较为严重,因此,在外资和民营企业中从事劳务工作的农民工因为付出较多,而对城市部门的贡献也较大(邹淼,2011)。

(二) 基于马克思主义劳动价值理论的研究

杨思远(2005)从政治经济学角度考察了农民工对城市部门的贡献,农民工的经济作用在于创建了一个新的生产部门,即以劳动密集型的消费品为主体的工业部门,实现了国民经济结构的三元化,改变了中国经济流程图。在经济全球化的背景下,低端劳动者的收入由于劳动力要素的弱势地位而被人为压低,在短期内可能会吸引资金流入,产生促进经济增长的效应(周彩霞,2009)。

二、 国外实证研究进展

国外的研究一方面对劳动力流动与经济发展之间的关系进行了广泛研究,Francis(1997)把中国经济增长归结为劳动力流动、市场发育产生的效率、外贸和技术引进、国内投资和外资引进等四个方面的贡献。劳动力流动对经济增长的贡献率达 16.3%。Murat 和 Sirin(2007)分析了土耳其 1975—2000 年国内人口迁移,发现人口迁移对经济增长收敛有显著促进作用,还加剧了各省之间人均收入增长的收敛速度。Sachs 和 Woo(1994)指出劳动的无限供给为中国体制改革提供了与东欧和前苏联不一样的改革起点,是中国改革成功的重要条件之一。另一方面也对劳动力价格扭曲的作用进行了探讨,基本都认为劳动力价格扭曲对城市部门和非农部门的发展做出了较大贡献,Juzhong Zhuang(1996)用 CGE 模型分析了 1983 年中国经济的扭曲状况,研究得出中国价格和资源配置中存在扭曲,非农部门的工资支付过高。Hamid 和 Nancy(2000)认为要素市场扭曲导致的部门间工资差距是发展中国家普遍存在工资差异的原因,内生的工资扭曲在资本缺乏的国家会对资本市场产生溢出。Bharaty(2004)认为劳动力跨区域流动是由内生的工资扭曲引起的,这种工资扭曲能增加工业部门的产出、优化经济发展中的就业结构。Timothy 和 Jeffrey(1992)利用托达罗模型对美国 1890—1941 年不断拉大的城乡工资差距进行研究,通过分析发现农业部门与工业部门的工资差距拉大起到了吸收劳动力的作用,有助于经济的发展,这一研究对分析我国的劳动力价格扭曲有较好的借鉴作用。

三、 国内实证研究进展

(一)农村转移劳动力对国民经济的贡献

国内研究大部分集中于农村转移劳动力对经济增长和国民收入的贡献分析,蔡昉和王德文(1999)对增长因素做了分解,在全要素生产率的贡献中,劳动力和劳动力配置对国民生产总值增长率的贡献分别是23.71%和20.23%。潘文卿(1999)从总劳动生产率增长公式推导出农业剩余劳动力转移对总劳动生产率增长贡献及对总产出增长贡献的公式,用其测算1986年至1997年间,农业剩余劳动力的转移对劳动生产率增长的贡献为20.2%,对GDP增长的贡献为13.9%。严于龙(2007)把人力资本引入生产函数,计量得出,改革开放以来农民工对经济增长的贡献接近22%;他还通过"增加值法"得出,2001—2005年,农民工创造的GDP份额经折算后分别为12.8%、14.0%、15.3%、15.8%和16.8%。刘秀梅和田维明(2005)把GDP分为农业GDP和非农业GDP,把农村转移劳动力引入生产函数,计量得出,农村转移劳动力对非农业GDP有正的影响,但对农业GDP有负的影响,总体净效应是正的。沈坤荣和余吉祥(2011)实证研究结果显示,农村移民可以对城镇居民的收入产生正向影响,但这严重依赖于市场化的进程。

基于劳动力城乡流动的人力资源优化配置对经济增长具有显著作用(肖卫,2013),因此有学者从劳动力流动与人力资本形成的视角构建经济增长回归模型并进行实证研究,发现劳动力流动所形成的人力资本每增加1%,将带来GDP增长率提高0.68个百分点(谭永生,2007)。贾伟(2012)研究发现,农村劳动力转移对中国GDP增长的影响已由2000年的1.054%增加到2007年的5.565%,对东部地区的影响最为明显,对中部地区的影响增长的幅度最大,对西部地区的影响正在由负向正转化。相对于区域内转移来说,农村劳动力转移拉大了地区之间的差距,2007年农村劳动力转移使东中差距、东西差距、西中差距分别增加5.738%、6.668%、12.627%,比2000年各地区的差距明显提高。总之,中国的农村转移劳动力为中国经济和城市化做出了巨大贡献,城镇中外来农民工对城镇化率的贡献以平均每年 0.37% 速度增长,从 2002 年的 7.8% 提高到 2012 年的 11.5%(魏后凯、苏红键,2013)。

(二) 农村转移劳动力工资扭曲对国民经济的贡献

但是国内也有少数研究对农村转移劳动力工资扭曲情况进行了较为详细的研究,蔡昉(2006)估算出,因为受到歧视,外来劳动力实际上每小时少挣 0.64 元,这样,平均每年一个外来劳动力少挣 2 284 元,如果以 2004 年全国有 1.03 亿农村到城市的打工者计算,每年因劳动力市场歧视,外出打工农民工会少挣 2 343 亿元。孔祥智和何安华(2009)进行了较为详细的研究,他们计算得出农民工从 1983 年约 200 万人增加到 2004 年的 1.3 亿,但工资水平普遍较低,2002—2004 年全国农民工年均工资分别为 7 908 元、8 424 元和 9 360 元,而城镇职工年均工资分别为 13 638 元、15 329 元和 17 615 元,农民工工资仅相当于城镇职工工资的 55% 左右,但农民工平均每周工作 56.6 小时,比城镇职工多 8 个小时。改革开放以来,农民工以工资差额的方式为城镇经济发展节省成本达 85 495 亿元,节约社保成本至少 30 576 亿元,综合来看,为城镇经济发展积累资金达 11.6 万亿。李艳玲(2008)测算了我国 2004 年农民工工资剪刀差的经济贡献,发现农民工创造了全国当年 GDP 的份额为 19.5%,而其工资收入占全国 GDP 的比重却仅有 4.8%,农村劳动力价格扭曲以工资"剪刀差"的形式为 GDP 做出了 5% 的贡献。2009 年上海有关卫生部门的一调查再次验证了在沪农民工劳动时间过长的现象,受调查的外来民工平均每周工作 49.3 小时,有 52.9% 的人员劳动时间超过法律规定,甚至存在个别企业外来民工每周工作 7 天,每天工作 16 小时(王祖兵等,2009)。2011 年农民工平均每个月工作 25.4 天,每天工作 8.8 个小时,每周工作超过 5 天的占 83.5%,每天工作超过 8 小时的占 42.4%,更有 32.2% 的每天工作 10 小时以上,农民工通过超长的工作时间为中国经济做出了巨大贡献(张兴华,2013)。但是以上研究只进行了统计分析,没有实证研究。

四、 简要评述

以上研究从一般均衡分析、计量分析和统计分析方面研究了农村劳动力转移和农村转移劳动力价格扭曲对国民经济的贡献。但还存在以下不足之处：(1)对农村劳动力转移对国民经济的贡献研究较多，但是，对农村转移劳动力价格扭曲的贡献考察不多，即便有研究也是简单地进行数量统计，实证研究不多，把工资引入生产函数进行实证研究的几乎没有。(2)大多研究时间较早，研究样本较少，研究结果的精确性不够，没有对1980—2011年的农村转移劳动力价格扭曲情况系统地进行统计、实证研究。(3)国内研究更多侧重于定性或统计描述分析，定量实证研究较少。

第五节　农村劳动力价格趋同及其对中国经济的影响研究

一、基于政治经济理论的研究

一些学者以马克思主义劳动价值论为基础对劳动力价格趋同及其对中国经济的影响研究进行了考察。在劳动力供求关系、劳动力再生产成本及劳动法律政策不断完善等多重因素的作用下，劳动力价格持续上升。这一现象的发生对经济的影响是双重的：一方面有利于增加居民收入，拉动内需；另一方面也推动了物价的上涨和制造业产品竞争力的下降（马延泽，2013）。马克思劳动力再生产理论说明，决定劳动力实现程度的关键是劳动力价格，在市场经济条件下，劳动力价格反映了劳动力这种特殊商品的供求状况；以体力劳动的方式存在的劳动力商品的供给主要是由普通劳动者如民工等提供；目前民工荒让部分企业即使有订单也不敢接，技工荒更是让经济结构转型成为一种奢望（高文亮、胡浩，2007）。民工荒是资本对农民工进行绝对剩余价值生产的必然产物，是农民工对资本掠夺式使用劳动力的一种独特的罢工方式。因此劳动力再生产是一个关系到国计民生的重要问题（杨思远，2005）。中国制造业人员的工资虽然只及美国制造业员工工资的2.9%，但生产率仅为美国的13.7%，中国制造业的单位劳动成本为美国的21.3%，真实成本较之表面成本提高了7倍之多，如果不能保持生产率的快速增长，中国成本优势将随着工资的增长而缩小甚至消失（周彩霞，2009）。

还有的学者以马克思主义制度理论为基础从农民工权益方面进行了

考察研究。有关个人户口、职业、性别、政治面貌、所有制性质和工作单位的行业等因素与工资之间关系的分析结果也表明，女性的工资歧视随着时间的推移有所改善，并且外劳与本地居民有趋同倾向（严善平，2007）。

然而有的政治经济学学者并不同意中国出现劳动力工资的趋同，20世纪90年代以来中国工资不平等程度成上升趋势，这种变化是所有制改革中雇佣工人谈判力量弱化的结果，企业中劳资谈判停留在个体谈判层级，无法有效遏制企业单边主义工资决定行为（胡靖春，2011）。

另外，有的国外学者也从政治经济学角度对受歧视工人的工资上升情况进行了研究。从20世纪60年代到70年代晚期，美国黑人工人的收入和职业状态改善了，导致这种改变最明显的动因是黑人的法律行动和政治反抗，教育水平和劳动力市场条件的改善和这种改变联系较为松散（Russell，1989）。

二、 基于现代经济理论和实证研究

（一）农村转移劳动力价格趋同研究

劳动力工资问题是发展经济学的一个关键的问题，关于发展中国家劳动力工资为何上升这个问题，古典理论和新古典理论有着截然相反的观点。在人口众多的发展中国家农业部门存在无限的剩余劳动力，传统农业部门没有资本投入，土地有限，人口迅速增长，据边际生产率递减原理，农业劳动力的边际生产率很低，一部分农业劳动力的边际生产率甚至为零，因此，工业部门的劳动供给具有完全的弹性，只要工业部门工资不低于不变制度工资，农业剩余劳动力就会源源不断流入工业部门（刘易斯，1954）。拉尼斯和费景汉（1961）发展了刘易斯模型，把农业剩余劳动力分为三个阶段：劳动边际生产率等于零的阶段、劳动边际生产率大于零但小于不变制度工资的阶段和劳动边际生产率大于不变制度工资的阶段。在农业商业化之前的前两个阶段，农业转移劳动力工资低于不变制度工资，在第二阶段，如果从农业中将隐蔽性失业劳动力强制抽离，就会危及农业产出并使贸易条件恶化，而贸易条件恶化将引发工业工资上涨。但他们认为贸易条件恶化的隐患可以通过农业技术进步化解，从而消除工资压力。然而新古典经济理论不承认存在农业剩余劳动力，所有要素都是稀缺的,农业劳动力的闲暇将会对收入产生替代作用,因此,劳动供给曲线会非常缺乏弹性(Lau et al.,1979);在劳动力需求方面,技术进步与资本积累将会推动工资上涨;供给方面,工资受供给弹性的影响很大(Jorgenson,1970)。

有关劳动力价格趋同的研究也存在一些争议。少数学者认为不存在劳动力价格趋同。Borodkind 和 Leonard(2005)从城乡角度研究了圣彼得堡及其周围农村之间的非技术劳动力工资差异,计量得出圣彼得堡地区的城乡工资差异约 35%,俄罗斯西北部劳动力市场演变没有证据显示城乡工资趋同;盖庆恩和史清华(2012)对中国劳动力市场存在扭曲进行了研究,发现各年份间波动较大,并没有呈现出随时间而减弱的趋势;另外一些学者研究了中国的农民工工资问题后指出,农民工工资几乎没有增长(Du、Pan,2009;Meng、Bai,2008)。但是,一些新古典经济学家认为,只要在两部门间存在收入差距,由边际生产力所决定的两部门间的收入差距将逐步减少,两部门收入将最终趋同(Maglin,1976;Jorgenson,1967)。

目前,主流观点还是认为随着中国经济的发展,农村转移劳动力和城镇劳动力之间已经出现了工资趋同现象。在中国为融入经济全球化而争取加入世界贸易组织的过程中,劳动密集型制造业在国际竞争中获得了一定优势,更进一步促进了农村劳动力向城市的流动,在人类和平历史上形成了最大规模的劳动力迁移现象(Roberts et al.,2004)。截至 2008 年底,据国家统计局的调查,全国从事非农就业 6 个月以上的农民工总量为 2.25 亿人。其中,占农民工总数的 62.3% 计约 1.4 亿人跨乡镇流动就业;占农民工总数的 37.7% 计约 8 500 万人在本乡镇范围之内从事非农就业(盛运来,2009);经济增长对劳动力需求持续扩大的背景下,这种大规模劳动力转移的结果必然是农业剩余劳动力显著减少(Fang Cai、Meiyan Wang,2008)。农村剩余劳动力和城市冗员的隐蔽性失业现象逐渐被消除,并从 2004 年开始出现了全国性的劳动力短缺。根据农业部全国农村固定观察点,从 2003—2006 年,对全国 31 个省(区、市)314 个村近 24 000 个农户的跟踪调查,农民工的工资保持连续增长状态,人均月工资从 2003—2006 年,由 781 元增长到 953 元,增长了 22.0%(国家统计局农村社会经济调查司,2007)。这个劳动力短缺现象在 2010 年成功地应对了金融危机并实现经济复苏之后更加突出。与此同时,普通劳动者的工资显著提高,其中以 1998 年不变价计算的工资水平,制造业和建筑业农民工月工资和雇工日工资都有显著的提高,而且提高速度在 2004年以后明显加快(蔡昉,2010)。从农业、劳动密集型行业及收入差距等角度出发,高铁梅和范晓非(2011)建立计量模型,论证和检验了中国劳动力市场的结构模型,结论是在 2005 年中国进入了刘易斯第一转折点。卿涛等(2011)运用拓展的 Minami 准则对中国刘易斯转折点进行了实证研究,结果表明,中国经济已经越过了刘易斯第一转折点,但没有充分的理由表明中国进入了刘易斯第二转折点。

民工工资上涨和劳动力剩余并存现象,是阻碍劳动力流动的城乡劳动力市场的制度性分割导致的(Knight et al., 2011)。目前,虽然中国农村仍有 1.2 亿剩余劳动力,仍处于劳动剩余阶段,但一半以上都超过 40岁,40 岁以下的至多只有 5 200 万(蔡昉,2010),由于工资微调不能带动劳动供给的微调,劳动力市场长期难以出清,劳动供给也可能会短缺,因此,中国近年来出现农民工工资上涨与用工短缺并存现象(丁守海,2011)。随着中国农村剩余劳动力存量的不断减少,农村对城市部门的劳动力供给也开始减少,但投资的增长却没有降低,这带动了城市部门对劳动力需求的不断增长,其结果必然带来工资上涨(徐清,2012),因此,近年来,从熟练劳动者与非熟练劳动者之间、农民工与大学毕业生以及城镇就业者之间、农民工内部受教育程度不同群体之间的工资比较看,劳动力市场上已经出现了系统的工资趋同现象,这两点都有力地验证了刘易斯转折点的到来(蔡昉、都阳,2011)。最新的研究数据也证实了以上这些研究结论,农民工工资在 2006 年增长了 10%,在 2007 年和 2008 年的增长有所放缓,2009 年农民工工资的增速又超过了 17%(约翰·奈特等,2011)。我国农民工名义货币工资改革开放以来长期呈增长趋势,年均增速约为9.7%;实际工资指数用消费者物价指数调整以后,变动则具有阶段性特征,在 20 世纪 80 年代前期和中期显著增长,随后十来年相对停滞,晚近十多年增长较快(卢锋,2012)。这些证据与近期农民工工资的加速增长趋势相一致。

(二) 农村转移劳动力价格趋同对经济的影响研究

一些学者从不同的方面对转移劳动力价格趋同对经济的影响进行了研究。丁守海(2008)考察农民工工资上涨对工业资本积累的动态影响,基于结构向量自回归模型的分析表明,农民工工资上涨对工业资本积累具有渐进性影响,在短期内对它的冲击较弱,但随着时间推移不断增强;而市场需求则相反,在短期内能快速推动资本积累,但此后影响迅速衰减。尽管近年来由于后者抵消作用,资本积累没有放缓,但农民工工资上涨对它的威胁将逐渐显现;进一步分析发现,这种威胁并不主要来自于农民工工资上涨自身,而来自于农民工工资上涨后城镇劳动力工资强劲而持续的补涨。严于龙(2007)尝试着进行了实证研究,他运用凯恩斯框架的基本收入冲击模型,通过改变城乡居民收入,研究了消费率、投资率的变化,认为提高农民工收入可以提高消费率,降低投资率,改善扭曲的投资、消费结构;并通过对基尼系数研究,认为如果农民工平均收入增长10%,全国居民基尼系数将缩小2.4%。蔡昉(2005)则从人口的角度进行了研究,他分析了劳动力短缺的可能经济后果,可能导致劳动力成本上升从而比较优势的减少、人力资本积累从而对引进外资的吸引力减小、人口红利的难以持续性,以及资源配置效应下降等方面。

三、 简要评述

综观国内外现有的研究,尽管研究者较少,但已经为这方面的研究做了铺垫,为以后研究指明了方向,然而,现有研究也存在明显的不足:(1)研究方法要么运用普通回归进行简单的回归,要么单纯运用理论分析法进行简单的经济分析;(2)使用的数据要么引用他人的二手数据,要么使用的微观数据的分布范围代表性不足;(3)研究结论大都不够准确、不够详细,说服力不足;(4)对农村转移劳动力工资上涨的研究较多,但对农村转移劳动力和城镇劳动力价格趋同趋势的研究很少,系统地对农村转移劳动力价格趋同状况进行考察的更少。

尽管严于龙的研究比较接近本文对农村转移劳动力价格趋同对中国经济的影响的研究,但本书的研究在以下几个方面有所区别:(1)研究方法

不同,他采用了宏观计量冲击模型,本书采用了系统动力学进行动态模拟;
(2)研究变量有所区别,他主要研究了消费率、投资率和基尼系数的变化,
本书对宏观经济的主要变量 GDP、消费、投资、出口、进口和净出口的变化
都进行了研究;(3)研究的时段不同,他分析了 2001—2005 年的数据,然后
得出结论,本书收集了 1990—2010 年的数据,分析了农村转移劳动力价格
趋同对中国经济走势的影响,并对 2010—2020 年的影响情况进行预测。

第六节　农村转移劳动力价格扭曲、趋同对农村的影响

一、 基于政治经济理论的研究

　　学者们以政治经济理论为基础,运用实证研究方法从不同方面对劳
动力转移对农村的影响进行了研究。杨思远(2005)在劳动价值论的框架
下研究了农村转移劳动力商品化问题,指出农民工劳动力半商品化,推动
了劳动产品商品化进程,农民工的工资性收入和汇回款拓展了农村市场。
在分析城乡居民收入差距理论的基础上,黄国华(2009)构建出城乡居民
收入差距不仅受本地城市化水平和外部劳动力流动影响,而且受政府扶
持政策、城乡非均衡增长因素影响的新型理论模型,在政府扶持因素和城
乡非均衡增长因素不变的前提下,随着外来劳动力的迁入,城乡居民收入
差距而逐渐缩小。

二、 基于现代经济理论的研究和实证研究

(一) 劳动力转移对农村的总体影响

　　由于户籍制度的阻碍,中国绝大多数农村转移劳动力并没有实现全
家在城市永久性定居,全国将近 2 亿进城农民工中只有 200 万左右通过
买房、结婚等方式获得城镇户口(陶然,2012),绝大多数农村转移劳动力
的家庭在农村。另一方面,中国农户家庭中从事农业生产的往往是妇女、
儿童和老人,而青壮年劳动力则外出非农就业,中国农业显著地表现出
"男工女耕""半工半耕"的农户兼业化特征(钱忠好,2008)。1983 年农户第
一产业纯收入在农村居民纯收入中所占比重为 68.65%,2001 年则下降到
47.61%;1983 年第二、第三产业纯收入在农村居民纯收入中的比重为

4.85%,2001年则上升到14.08%;1983年工资性收入的比重为18.57%,2001年则上升到32.62%(向国成等,2005)。Wang和Kalirajan(2002)发现非农就业对农村经济增长做出了非常显著的贡献。以外出劳动力户和非外出劳动力户为划分标准将农村家庭收入分组对比后,李实(1999)发现外出务工劳动力对家庭收入的边际贡献率高于非外出者。因此,农村转移劳动力价格扭曲、趋同对中国农村的影响显而易见。西方传统理论一般也认为,国际移民不仅能够实现移民自身劳动生产率及收入水平的提高,而且他们在国外获取的收入汇回欠发达的劳动力输出国将会对输出国的经济增长产生一系列正向影响效应(陆铭,2002)。

另外,郑黎义(2010)区分了各种务工模式影响的差异,从村庄经济发展水平、集体农业基础设施投资和家庭生命周期等视角揭示了务工所带来的要素禀赋变化影响农户农业生产的传导机制;着重分析了前人研究较少关注的务工所引起的农业生产结构调整的问题。在对比分析了两种转移模式对社会发展及农村经济的具体影响,并找出产生这些影响的内在原因后,唐萍萍(2012)利用调查数据,对两种转移模式对农村发展的影响进行实证评价和分析,她的研究结果显示,内部转移模式比外部转移模式更有利于促进农村发展。

(二) 劳动力转移对农业生产的影响

钱文荣和郑黎义(2010)构建了水稻生产函数,从集体农田基础设施投资和家庭生命周期的视角考察了家庭成员外出务工与农户水稻生产之间的关系。实证结果显示,务工者的汇款能帮助农户在水稻生产中投入更多的化肥和农药以提高产量,但务工带来的非农收入的提高又会使他们忽视对水稻生产的管理,导致产量下降;集体农田水利等基础设施投资是稳定水稻产量的重要保证,在基础设施较差的地区,家庭成员外出务工将导致农户水稻生产中出现劳动力短缺,对生产力造成严重影响;外出务工带来的农业劳动力老龄化目前并未使水稻生产力出现明显下降,反而是年轻农户会因外出务工而粗放地经营水稻生产。运用1993—1994年的数据,Wu等(1997)对中国农户粮食生产函数进行估计,结果表明粮食亩产与家庭中农业劳动力占总劳动力的比例有显著负相关关系,因此,他们得出的结论是劳动力外出务工对中国粮食生产的总体影响是积极的。Rozelle 等(1999)研究发现家庭成员外出务工对农户粮食产量的影响可以分为劳动力流失的消极作用和汇款的补偿作用，但总体上劳动力外流仍然造成中国农户的粮食单产有所下降。

（三）劳动力转移对城乡差距的影响

一些学者通过研究得出了劳动力转移有利于缩小城乡差距的结果。劳动力外出流动促进了欠发达地区人均生产总值的增长，因此，劳动力转移成为欠发达地区的第二经济增长点（都阳、Albert Park，2006）。王小鲁等(2004)也对劳动力跨地区流动对产出的贡献进行估计，研究结果显示劳动力流动缩小了地区差距。而且农村劳动力外出流动对于缩小地区之间、城乡之间，甚至是农村内部收入差距具有更加重要的现实意义（李实，1999）。姚枝仲等(2003)的理论研究也显示，劳动力流动在缩小地区经济差距过程中也起到了决定性作用，其实证研究表明劳动力流动对熨平地区差距还存在较大的释放空间。刘强(2001)的研究也证实，大规模的劳动力跨区域流动是构成中国地区经济增长阶段性收敛机制的重要诱发变量。

另外一些学者研究了异质劳动力转移对城乡差距的影响。熊婕和腾洋洋(2010)从刘易斯剩余劳动力理论出发，通过理论模型分析短期和长期异质型劳动力流动对城乡收入差距的影响；同时对 1985—2008 年中国不同学历的劳动力流动情况和收入差距的相关性进行实证检验，结果表明高中文化程度的劳动力显著有利于缩小城乡差距，但由于在流动人口中高中文化程度的劳动力所占比例小，因此他们并没有充分发挥人力资本对农村的外溢效应。在将流动劳动力分为高技能与低技能两种类型后，赵伟和李芬(2007)对这两种不同类型劳动力流动性、经济集聚和地区收入差距之间的相互关系进行了探讨，研究显示随着地区经济整合进程的不断深入，高技能劳动力的地区集聚扩大了地区收入差距，而非缩小了地区收入差距，但是低技能劳动力流动对地区收入差距的扩大有延缓作用，并用经验数据进行了验证。

此外还有的学者通过研究得出了相反结论，认为劳动力转移拉大了地区差距，劳动力转移虽然对整体经济产生了积极的推动，但是由于部门发展的不平衡,收入差距反而出现扩大(段均、杨俊,2011)。Cai 等(2002)发现劳动力市场扭曲是地区增长差异的原因之一。从农业部门的技术进步角度出发,Gollin 和 Rogerson 等(2002,2007)的研究发现由于全社会对于农产品的需求相对固定,因此随着经济的发展,农业部门的"推力"推动剩余劳动力流向非农部门,这样的流动造成农业部门劳动力数量的减少和收入的下降。樊士德(2011)通过建立柯布—道格拉斯总量生产函数测算劳动要素产出弹性,并基于对欠发达地区劳动力流出率的估算,对劳动力流动给欠发达地区带来的产出效应进行测算。研究表明:从外流规模来看,在所选考察期内,中部地区、西部地区、中西部地区和劳动力流出较多地区的年均劳动力流出率分别为 1.11%、0.79%、0.97% 和 1.35%,导致四类区域的产出分别下降 4.16%、1.96%、2.77% 和 8.65%,他基于这一测算结果,对当前学界存在的劳动力流动对欠发达地区产出增长必然带来正向产出效应的观点提出了质疑。樊士德和姜德波(2011)借鉴巴罗、萨拉伊马丁和德拉柯兹有关带移民的经济增长模型,并在此基础上对劳动力流动与地区内、地区间经济增长差距的内在关系进行理论推导发现,劳动力流动加快了中国发达地区经济增长收敛速度,而降低了欠发达地区的经济增长收敛速度。通过考察地区间因劳动力流动而导致的人力资本存量变动及相应的潜在产出"外溢与滴漏效应"冲击,印证了劳动力流动拉大地区差距的结论。

三、 简要评述

以上研究分别从不同方面对农村转移劳动力对农村的影响进行了研究,然而仍有不少问题没有解决:(1)集中于研究农村劳动力转移对农村产生的影响,对农村转移劳动力价格扭曲和价格趋同对农村的影响研究不多;(2)对农村转移劳动力工资趋同于城镇劳动力工资以后,对农村的具体影响没有量化研究。因此还值得进一步研究。

第七节 本章小结

本章界定了相关概念,对相关基础理论进行了简单评述,对有关文献进行梳理和评述。具体工作如下：(1)首先对农村剩余劳动力、农村转移劳动力、农村转移劳动力价格扭曲和农村转移劳动力价格趋同进行界定；(2)对马克思主义经济理论中劳动理论、现代发展经济理论和新制度经济理论进行简介，并且简要地进行评价，为下一步运用这些理论解释中国的现实经济问题奠定基础；(3)总结概括了农村劳动力转移价格扭曲、趋同及其对中国经济影响的现有相关的文献资料，并对其进行简要的评述，以期在学者们的研究基础上，再进一步展开研究工作。

注　释

［1］马克思：《资本论》(第1卷)，人民出版社2004年版，第198—200页。

［2］马克思：《资本论》(第1卷)，人民出版社2004年版，第312—318页。

［3］马克思：《1844年经济学哲学手稿》，人民出版社1979年版，第8页。

［4］马克思：《资本论》(第1卷)，人民出版社2004年版，第739—740页。

［5］马克思：《资本论》(第3卷)，人民出版社2004年版，第696—697页。

［6］马克思、恩格斯：《马克思恩格斯文集》(第5卷)，人民出版社2009年版，第796页。

［7］马克思、恩格斯：《马克思恩格斯全集》(第11卷)，人民出版社1995年版，第662页。

［8］马克思：《资本论》(第1卷)，人民出版社2004年版，第855页。

［9］马克思：《资本论》(第1卷)，人民出版社2004年版，第815页。

［10］马克思、恩格斯：《马克思恩格斯文集》(第7卷)，人民出版社2009年版，第732页。

［11］马克思：《资本论》(第1卷)，人民出版社2004年版，第576页。

［12］马克思、恩格斯：《马克思恩格斯全集》(第16卷)，人民出版社1964年版，第643页。

［13］马克思、恩格斯：《马克思恩格斯选集》(第2卷)，人民出版社2012年版，第195页。

［14］马克思、恩格斯：《马克思恩格斯全集》(第16卷)，人民出版社1964年版，第303页。

［15］马克思、恩格斯：《马克思恩格斯文集》(第3卷)，人民出版社2009年版，第225页。

［16］马克思、恩格斯：《马克思恩格斯论工会》，中国工人出版社1980年版，第38页。

［17］马克思、恩格斯：《马克思恩格斯文集》(第3卷)，人民出版社2009年版，第319页。

［18］马克思、恩格斯：《马克思恩格斯全集》(第16卷)，人民出版社1964年版，第220页。

［19］马克思、恩格斯：《马克思恩格斯文集》(第3卷)，人民出版社2009年版，第619页。

第三章
理论分析框架

中国农村转移劳动力价格扭曲、变化趋同是与中国社会管理制度、经济增长模式和市场经济发展阶段紧密联系的,中国的二元社会管理制度、政府主导的经济增长模式和劳动力市场供求变化综合影响着中国农村转移劳动力价格的变化。同时,中国农村转移劳动力价格扭曲、变化趋同又深刻影响着中国城市经济增长、农业农村发展和国民经济的发展。

本章首先分析了相关研究的局限性,接着引出了本书的理论框架;然后综合运用马克思主义经济理论、现代经济理论和新制度经济理论深入地对中国农村转移劳动力价格扭曲、变化趋同及其对城市经济增长、农业农村发展和国民经济发展的影响进行理论研究。以此构建了本书的理论研究框架。

第一节　相关研究局限性与本书理论研究思路

一、相关研究的局限性

（一）政治经济学者研究的局限性

1. 在政治经济学学者们的研究中,对西方现代经济理论及其工具的运用不多,制约了其理论研究的深入。

2. 政治经济学学者们大都只是从某一方面对农村转移劳动力价格扭曲和变化进行了理论研究,缺乏系统地运用马克思主义经济理论对农村转移劳动力价格扭曲、变化趋同及其对城市、农村和中国经济的影响进行全面系统的理论研究。

3. 政治经济学学者们大都以马克思主义经济理论为基础,定性的分析为主,而运用数据支撑理论方面欠缺,对数据处理后进行实证研究的更少,从而使得理论说服能力不足。

(二)西方经济学者研究的局限性

1. 西方经济学学者们运用惯用的西方经济学的数理、图表、数据和实证计量方法对农村转移劳动力价格及其变化进行了较多的研究,但他们的研究对理论分析不够重视,缺乏深入的理论研究。

2. 西方经济学学者们往往单纯运用西方经济理论进行研究,而忽视了马克思主义经济理论中对劳动力转移和劳工权益的研究,造成其理论研究不够全面。

3. 即使西方经济学学者们的研究也仅仅是对农村转移劳动力价格扭曲和变化的某些方面进行实证研究,也缺乏系统全面地实证计量研究。

二、 本书理论思路

本书把马克思主义经济理论和西方现代经济理论结合起来,运用定性分析、数据分析、数理分析方法,首先分别对农村转移劳动价格扭曲、变化趋同及其影响进行深入的理论分析,然后再分别对其进行全面的计量研究。

(一)农村转移劳动力价格扭曲的原因理论研究。本书以马克思主义的工资理论、劳动异化理论、制度理论以及现代发展经济理论和新制度经济理论为基础,从这些理论中引申出符合中国现实经济的部分,并用其分别解释中国的农村转移劳动力价格扭曲的原因。

(二)农村转移劳动力价格动态变化与趋同理论研究。本书以马克思主义的工资理论和劳工权益理论及现代供求理论为基础,将其和中国现实经济相结合,详细论述了农村转移劳动力价格动态变化与趋同的趋势。

(三)农村转移劳动力价格扭曲对城市经济增长的贡献理论研究。本书以马克思主义劳动力转移理论和发展经济学的乔根森劳动力转移模型为基础,应用其适合中国现实经济的部分,分别对劳动力价格扭曲对城市的贡献进行理论阐述。

（四）农村转移劳动力价格扭曲、趋同对农村发展的影响理论研究。本书以马克思主义工资理论、拉尼斯—费景汉的劳动力转移模型和新制度经济理论为基础，将其与价格扭曲、趋同对农村发展的影响结合起来，从理论上阐述了价格扭曲、价格趋同对农村发展的影响。

（五）农村转移劳动力价格趋同对国民经济的冲击效应理论研究。本书应用马克思主义工资理论和学者们的现有研究文献，将理论与中国现实经济结合起来，对农村转移劳动力价格趋同对国民经济的冲击效应进行详细的理论论述。

第二节　农村转移劳动力价格扭曲的
历史考察与理论研究

一、　价格扭曲的历史考察

（一）允许农村劳动力迁移阶段（1949—1960 年）

1949—1957 年。在这一阶段，中国的户口迁移制度主要是为了统计人口的需要，并没有严格限制农民转移到城市落户，农村劳动力转移基本没受到阻碍，因此，中国城市数量增加很快，从 135 个城市增加至 178 个城市，城镇人口增加了 4 184 万人，城镇化率从 10.64％增加至 15.39％，这一时期中国城市人口的增加主要来自于农村劳动力转移。第一阶段，1952 年之前，这一时期是国民经济恢复时期，城镇化进程较快，城镇人口年均增长率为 7.5％，农村劳动力下降较快，由 91.5％的比重下降至88％。第二阶段是 1953—1957 年的工业化起步时期，这一时期第一个五年计划开始实施，农村劳动力转移较快，转移到城镇的劳动力达到 1 500万，城镇人口增长至 1957 年的 9 949 万（雷武科，2008）。

1957 年末—1960 年。在此阶段，由于政府行政干预导致农村劳动力转移发生巨大波动。在“大跃进”时期抽调大量农村劳动力进入城市以推动工业生产大跃进，据国家统计局不完全统计，中国城市工业和建筑业在1958 年新增加的职工为 1 900 万人，其中从农村招的有 1 000 万人；中国农村劳动力在 1958 年比上年减少了 3 800 万人,1959 年庐山会议继续"反右倾"之后,基本建设规模继续膨胀,职工人数增加了 81 万(李爱,2006)。这次农村劳动力大规模地向城市转移是政府主导的行政干预经济,严重扰乱了经济发展规律,给国民经济带来巨大破坏。

1949—1960 年期间,因为大规模的经济建设的需要,同时,中国还未实行严格的人口管理政策,城镇从农村招收了大量的临时工、合同工和轮换工,目前,综合看来他们的工资奖金及保障是和城镇正式工有差异的,甚至他们节假日加班都不发节日双工资和加班津贴(冶金工业部劳动工资司,1980),因此,这段时期是存在农村劳动力的价格扭曲的。

(二)严格限制农村劳动力迁移阶段(1961—1978 年)

1961—1965 年。在此期间,1958 年 1 月颁布的《中华人民共和国户口登记条例》明确将城乡居民区分为农业户口和非农业户口两种不同户籍。从 1961 年开始,中国对国民经济计划进行调整,同时加强收紧了城镇户籍管理制度,因此,改变了农村劳动力大规模向城市流动的状况,导致了大量城镇劳动力逆向转移到农村。1960 年中共中央发出了指示,规定农村劳动力在农忙季节应当有 80% 以上用于农业生产;1960 年 8 月,因为越来越严峻的农业生产形势,中央进一步指示必须动员和精简一部分城镇从农村招收的工人以及盲目流入城市的农村人口回到农村去。中央于 1961 年 6 月做出决定,以 1960 年 1.29 亿城镇人口为基础,城镇人口在 3 年内必须减少至少 2 000 万人;1960 年中国职工人数为 5 044 万人,到 1963 年减少到 3 183 万人,其中约 67% 的城镇人口约 1 641 万人又逆向转移到了农村(李爱,2006)。在这段时间内,农村劳动力是逆向转移,转入大于转出。

1966—1978 年。1966 年给中国带来浩劫的"文化大革命"开始,中国进入了一个特殊的政治经济生活时期,中国政府通过严格的行政计划把农民限制于农村,严格控制农民流入城市,在中国形成了一个典型的二元社会,城市和农村互相分割;与这种隔离制度相配套,在全国推行严格城乡分隔的户籍制度、人民公社制度及城市特有的福利保障制度等,有效地阻隔了劳动力生产要素在部门间、地域间和所有制之间的自由流动。由于这种有效的制度约束,尽管城乡之间存在巨大收入差距,但除了按照计划进行的户籍迁移之外,可以观察到的人口流动并没有发生(蔡昉,2001)。相反,以特殊的政治运动为背景,却发生了大规模的非自愿性劳动力逆向流动,大量的城市知识青年和工人干部以上山下乡和下放农村劳动锻炼为名流向农村,共计约 1 800 万知识青年被迫迁到了农村(李爱,2006)。

在 1961—1978 年这一时期的前 5 年,由于农业生产形势严峻,再加上严格的户籍管理制度的实施,农村劳动力发生逆回流。在 1965 年以后,由于政治形势特殊,基本停止了招用临时工,原来的临时工一部分转为正式工,一部分被动员回到农村(冶金工业部劳动工资司,1980)。8 亿多农民几乎都被束缚于农村,农业劳动生产率低下,农村伪装失业现象严重,存在大量潜在剩余劳动力。在此阶段,几乎没有农村劳动力遵循市场规律转移,也基本不存在农村转移劳动力价格扭曲。

(三)价格扭曲的不变制度工资阶段(1978—2000 年)

1978 年改革开放以后,中国走上了工业化、城市化和现代化之路,再继续严格限制农村劳动力向城市迁移,显然不利于工业和城市的发展,因此,户籍制度开始松动,农村剩余劳动力开始大规模转向沿海发达地区和城市部门。

1. 城市部门因为快速发展工业、服务业急需大量的廉价劳动力,政府对人口流动的严格管控逐步放松。1984 年 10 月,政府发出《关于农民进入城镇落户问题的通知》,规定公安部门应准予符合条件的农民和家属在城镇落常住户口,发给《自理口粮户口簿》,统计为非农业人口,粮食部门可发给《加价粮油供应证》(陆益龙,2004)。1985 年 7 月,公安部发布了《关于城镇暂住人口管理的暂行规定》,该规定允许暂住人口在城镇居留。1993 年 9 月,国务院召开户籍制度改革问题专题会议,该会议决定先搞小城镇户籍制度改革,大城市的户籍制度要保持相对稳定。1998 年 7 月,国务院批转了公安部《关于解决当前户口管理工作中几个突出问题的意见》,总体上更进一步放宽了户籍政策的限制。

2. 以家庭联产承包责任制为主要内容的农村土地制度变革使得农

民生产经营的积极性高涨,农业劳动生产率得到大幅度提高,原来在农村的大量隐性失业劳动力,都逐渐显性化和浮出水面,农村出现大量的剩余劳动力,剩余劳动力的边际生产率几乎为零。

3. 改革开放之初,中国农民几乎处于赤贫状态,急需改变生活状况。这个阶段处于劳动力转移的第一阶段(无限劳动供给阶段),资本稀缺但劳动力丰富(刘易斯,1958),在此阶段,由于中国经济发展水平不高,劳动力需求量有限,但农村剩余劳动力存在无限供给趋势,因此,农村转移劳动力工资长期处于刘易斯劳动力转移模型的不变制度工资附近,低于城镇劳动力工资水平,存在较为严重的价格扭曲。农村转移劳动力不仅在就业竞争时与城市居民机会不均等,同工不同酬的现象也比比皆是(Meng,2000;姚先国、赖普清,2004)。

二、 价格扭曲的理论分析

(一)基于马克思主义劳动理论的分析

1. 基于马克思主义工资理论与劳动异化理论的分析

根据马克思主义工资理论,劳动力这种特殊商品的价值决定劳动力的工资,劳动力的价值也是由生产从而再生产这种特殊物品所必需的劳动时间决定的,劳动力的价值包括维持劳动力所有者所需要的生活资料的价值、工人的家庭子女的生活资料价值和适应生产需要的劳动力的培养训练费用。1949 年之后,政府通过行政权力长期垄断征购农产品,极力压低农产品价格,以保证工业部门获得廉价的原材料。经过几十年对农业部门的榨取,到改革开放之初,农民极端贫困。农村转移劳动力特别是第一代农村转移劳动力的家属大多在农村生活和发展,第一代的转移劳动力年老以后几乎也都选择返回农村。因此,农村转移劳动力维持劳动力生存生活所需的生活资料的价值及维持劳动力再生产的价值都非常低。所以,即便是面对非常低的扭曲工资,只要是扭曲工资高于农村转移劳动力生活和发展所需的最低水平,再加上城乡公共设施和发展机会的巨大差异,农村劳动力仍会源源不断地流入城市,这个农村转移劳动力生活和发展所需的最低水平工资相当于刘易斯劳动力转移模型中的不变制度工资。

　　再依据马克思主义的劳动异化理论,如果市场中资本长期稀缺,这将导致资本由于处于强势地位而垄断劳动价格,相伴而来的将是资本与劳动之间的不平等竞争及不平等交易,劳动关系方面的反映便是掌握生产资料的资本家对劳动者进行强压式的管制与交易。如图 3-1 所示,从1980—2002 年,中国的非农资本存量增速平缓,相对来说,在大多数年份,农村转移劳动力数量增速却相对较快。改革开放之初,中国资本非常稀缺,而农村转移劳动力供给丰富,此外,农村还有大量的待转移的剩余劳动力;同时,由于地方政府官员为了政绩进行 GDP 竞赛的需要,地方政府争相招商引资,给予资本所有者超国民待遇,并且压制劳动力的维权活动,从而导致资本方处于强势的垄断地位。因此,资本方垄断了劳动力的定价权力,利用垄断地位持续地压低农村转移劳动力工资,且拒绝给劳动力提供基本保障。

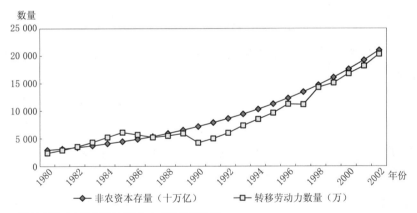

资料来源:《中国统计年鉴》和本书的处理数据。

图 3-1　非农资本和农村转移劳动力走势图

2. 基于马克思主义制度理论的分析

(1)基于马克思主义的产权理论的分析

　　马克思主义的产权理论认为劳动力所有权包含着占有、使用、处置、收益等各种权能,劳动者必须牢牢掌控对劳动力的处置权利,并坚持和要求收益甚至剩余索取的权能。在市场经济条件下,劳动雇佣制中的农村转移劳动力理应拥有个人劳动力的所有权,虽然在农村他们拥有一小块土地的使用权，但绝大多数农村转移劳动力离开农村进入城市以后，在城市没有必要的生活和生产资料，农村转移劳动力变成半无产阶级化的产业工人，他们除了进入第二、第三产业务工或者从事小商小贩工作之外，并没有其他途径在城市生存下去；农村转移劳动力从事小商小贩工作不仅面临生意不稳定的窘境，而且还要经常面对城管等政府执法部门的驱赶，过着不稳定的生活，因此，大多数年轻且文化水平稍高的转移劳动力还是选择进入第二、第三产业务工。为了在城市生存生活，农村转移劳动力失去了一部分对劳动力的处置控制的权利，他们只拥有不完全的劳动力所有权，不是完全自由的劳动力，只能出卖其唯一所有的可以投入生产商品的劳动力，使自己的劳动力和资方的生产资料结合，以获取必要的生活资料维持自己劳动力的再生产；同时面对资方极低的工资、超长的工作时间、无保障的工作条件和严酷的工作环境，农村转移劳动力并没有多少讨价还价的余地。

(2) 基于马克思主义劳工权益理论的分析

马克思主义劳工权益理论主要包括重视立法保护工人的劳动权益和强调工会的作用。劳动权是一项重要的基本人权，主要内容包括结社自由、平等就业、禁止童工及反对强迫劳动，其中就业自由和平等及结社自由是核心，是首要的前提。经济体中劳动权的保障程度直接影响到其劳动力市场的秩序和发展，进而影响到该经济体的长期稳定增长。分析中国的现实情况发现，有相当比例的农民工认为存在就业歧视或者就业方面的不平等，并且这种不平等主要来自身份的歧视或者作为农民工的歧视。在中国的农民工劳动权保障机制方面，秩序是关键的机制，但是现有的工会和法院等正式制度安排基本上没有起作用（周业安等，2007）。根据中国现行的宪法和相关法律法规，社会主义国家公民的政治权利主要包括自由权、选举权与被选举权、监督权和罢免权、诉愿权等。然而，当前中国农村转移劳动力面临政治权利缺失和政治地位边缘化倾向，其主要表现在：首先，农村转移劳动力的参政渠道不畅及话语权缺失，在各级人民代表大会中缺乏本群体的代言人，这与他们对工业化和城市化的巨大贡献是不相称的。其次，农村转移劳动力的选举权与被选举权无法行使，既没有时间参加户籍所在地又没有权利参加工作所在城镇的选举活动，因而成为政治中被遗忘的群体。再次，农村转移劳动力的自由迁徙权受到限制，现行宪法没有明确规定公民的自由迁徙权，但是《中华人民共和国户口登记条例》却明确限制公民的自由迁徙权。最后，中共十八届三中全会决议强调逐步把符合条件的农业转移人口转为城镇居民，而2014年中央一号文件也强调促进有能力在城镇合法稳定就业和生活的常住人口有序实现市民化。然而，因为农村转移劳动力的市民化加重了地方政府的负担，地方政府排斥农村转移劳动力融入城市，地方政府行政权力严重侵害了农村转移劳动力融入城市的权利，迫使他们不得不像候鸟似的在农村和城市之间迁徙。

权利制度是劳动力转移的核心制度条件，农村转移劳动力政治权利不充分，使他们很难组织起来通过合法的工会、法律框架和政治救济途径维护自己的经济利益，权利制度的缺失通过三个基本途径致使劳动力价格发生扭曲：(1)通过减少转移后预期挣得收入和效用致使劳动力价格扭曲。早先外出务工的农村转移劳动力因为权利缺失致使收入降低和保障缺失，后来外出的农村转移劳动力观察了解同行业和早先外出务工的亲友情况后，将会调整降低自己外出务工的预期收入和效用，因此，导致农村转移劳动力价格发生扭曲。(2)通过降低就业概率致使转移劳动力价格发生扭曲。现实经济中，大多数用工单位出于自身利益需要，往往对很多岗位和职位设置很多歧视性的条件，如设置户籍条件等，从而把大多数农村转移劳动力排斥在招聘范围之外，因此，降低了农村转移劳动力的就业概率，致使农村转移劳动力价格发生扭曲。(3)通过增加制度成本致使劳动力价格发生扭曲。当农村转移劳动力的正当权益受到侵害后，因为中国工会的形式化、法律法治的不完善和政治权利的虚置，农村转移劳动力通过个人力量寻求合法维权的制度成本很高，而维权效用却越来越低，大多数农村转移劳动力往往放弃通过合法途径维护权利，而选择无奈地接受权利受侵害的事实。如图3-2所示，O_1E 表示维权成本，CD 表示维权成本曲线，截距 O_1C 表示中国的合法维权成本起点相当高，O_2F 表示维权收益，AB 表示维权收益曲线。随着维权成本曲线 CD 的上升，维权

收益曲线 AB 逐渐下降,在维权成本曲线和维权收益曲线的相切点 M 点,合法维权的成本开始大于收益,维权的相对收益变为负数,转移劳动力放弃合法维权。

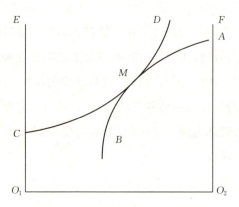

图 3-2　劳动力维权成本收益图

(二)基于发展经济理论的分析

刘易斯和拉尼斯—费景汉(2004)的二元经济模型认为,经济的现代部门和传统部门之间存在初始差异,发展的一个目标是通过劳动力持续再配置消除劳动力过剩。这需要两个部门共同进行投资和革新,才能实现平衡增长。直到挤出农业中全部隐性失业者,商业化完成之时即是工资等于劳动边际产品时。托达罗(2002)的劳动力转移模型指出,人口流动过程是人们对城乡预期收入差异而不是实际收入差异做出的反应。迁移者考虑在农村和城市部门中他们能在各种劳动力市场获得的就业机会,预期收入是按照城乡工作之间的实际收入差异和一个新迁移者获得一份城市工作的可能性来衡量的,只要在迁移计划期内的预期城市收入净现值超过农村收入的净现值,迁移决策就是无可厚非的。二元经济是发展中国家因为城乡发展不均衡而普遍存在的一种经济现象。但是在中国,特别是 1949 年之后,政府为了迅速实现工业化和经济的跨越式增长,长期实行城市偏向发展政策,利用政府权力控制了大量生产要素,将大量生产要素通过不等价交换从农业部门转移到城市部门,并且在以实现公平为目标的二次分配中,仍然把大部分公共产品投向城市,形成城乡在收

入、基础设施和公共服务等各个方面长期的巨大差异。如图 3-3 和图 3-4
所示,从 1980—2002 年,中国城乡收入和城乡投资差距不但没有缩小,反
而越来越大。由此导致,一方面,城乡二元分割长期固化,不能实现刘易
斯和拉尼斯—费景汉模型中的两个部门共同进行投资和革新,达到平衡
增长,延长了通过劳动力持续再配置消除劳动力过剩的过程,延缓了刘易
斯拐点的到来;另一方面,在托达罗劳动力转移模型所说的长期的预期城
乡收入(包括预期基础设施和公共服务)差异的巨大吸引力下,农村劳动
者长期大量涌入城市,致使城市面向农村转移劳动力的非正规劳动力市
场全面供过于求,在此情况下,农村转移劳动力议价能力很弱,不得不接

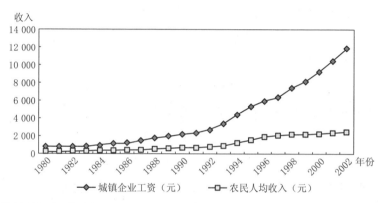

资料来源:中国统计年鉴。

图 3-3 城乡收入差异图

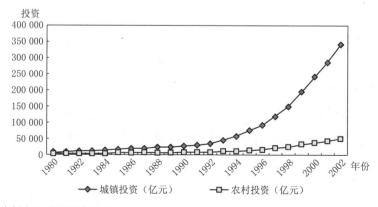

资料来源:中国统计年鉴。

图 3-4 城乡投资差异图

受较低的报酬和较长的劳动时间(张玉琳、杜建军,2016)。从以上分析可以看出,表面看农村转移劳动力价格扭曲是一种经济现象,起因于城乡二元差异,但实际上是因为政府的长期控制、干预经济要素的分配和再分配,固化甚至加剧了原有的二元差异,导致农村转移劳动力价格长期扭曲。

(三) 基于新制度经济理论的分析

依据新制度经济学派的观点,任何制度安排都有可能影响资源配置效率和收入分配;制度创新的供给由于政界企业家的私人收益不等于社会收益而导致不会达到社会最佳水平。因此,社会各既得利益集团的力量或权力结构的对比决定了制度创新的供给。Doringer 和 Piore(1971)的二元分割劳动力市场理论认为二级市场劳动者工资低主要受需方和制度因素的作用,他们同意二级市场劳动者技能低于一级市场劳动者,然而,工资差异却大于劳动者技能差异,大量二级市场劳动者不能进入一级市场不是因为他们没有劳动技能,是因为一级市场的需求方歧视他们,因此,劳动力市场的分割主要由社会制度因素造成。一级劳动力市场不是根据利润最大化运转,市场竞争被制度因素所取代,两个劳动力市场的收入和激励机制不同,所以,个人技能相差不大的劳动者收入却相差很大。严善平(2006)实证分析了城市劳动力市场中的流动及其决定机制,得出如下结论:劳动力在求职过程中选择什么性质的部门、以何种方式在不同部门之间流动,主要取决于以户籍为代表的制度歧视因素,而不是个人的教育水平、工作经历等人力资本。劳动力市场的双边垄断模型(2003)认为如果劳动力市场的买方垄断势力和卖方垄断势力接近,劳动力市场均衡价格将接近于完全竞争的劳动力市场均衡价格。

一方面,中国长期实行城乡分割的二元户籍制度,进而在城镇内部形成二元分割的劳动力市场,包括面对城镇本地居民的正规劳动力市场和面对外来劳动力的非正规劳动力市场,由于进城工作的农村转移劳动力很难获得城市户籍,由此也很难进入正规劳动力市场和获得附加在城镇户籍上的各种保障,如社保、医疗保障、保障房和子女教育等一系列的特权;再加上中国对进城农村转移劳动力长期实行一系列的排斥性的歧视制度,因此导致进城农村转移劳动力在一系列生活压力下,为了尽快就业,在非正规劳动力市场上不得不接受无保障的较低工资。另一方面,中国的企业工会都是由企业组织和控制,其职能主要是帮助企业加强对劳动者的管理,在现行法律制度下,劳动者基本不可能被允许自行组织真正维护劳动者权益的工会,因此,在具有单边买方垄断势力的非正规劳动力市场上,农村进城劳动者分散供给,在和具有一定垄断势力的卖方企业进行谈判博弈时,谈判博弈能力弱小,其结果就是劳动者不得不接受低工资、长时间、无保障的工作条件。

参照申鹏(2012)的分析,我们分析如图 3-5 所示,将城市劳动力市场分为正规劳动力市场和非正规劳动力市场,W 是工资曲线,L_c 是城市正规劳动力市场劳动供给曲线,L_f 是城市非正规劳动力市场劳动供给曲线,L_{fs} 是附加了户籍、保障和工会等制度条件的城市非正规劳动力市场的劳动供给曲线。因为农村转移劳动力知识技能与城镇劳动力相比较低,所以 L_{fs} 到工资曲线 W 的距离相对于 L_f 较远。因为无法获得城镇户籍及附加在户籍上的各种保障,同时,也无法自行组织真正维护劳动者权益的工会,因此,附加了户籍、保障和工会等制度条件的城市非正规劳动力市场劳动供给曲线 L_{fs} 到工资曲线 W 的距离更远,图 3-5 中阴影部分 H 就是农村转移劳动力工资扭曲部分。只有随着农村剩余劳动力的持续减少,人口红利逐步消失以后,市场因素对农村转移劳动力工资起决定性作用的 M 点以后,工资扭曲才会逐步减少。

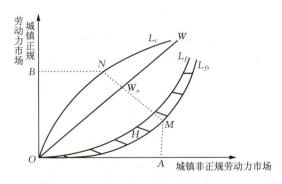

图 3-5 劳动力价格扭曲的制度分析

第三节　农村转移劳动力价格变化趋同的
历史考察与理论研究

一、价格动态变化及趋同考察

（一）农村转移劳动力工资开始上升阶段（2000—2003年）

2000年以来，国家的发展目标与战略有所改变，特别是开始关注社会和谐发展与农村的发展，因此，政府开始对农村转移劳动力采取更加包容性的经济和社会政策。2002年初，劳动和社会保障部为了保护农民工的合法权益采取了5项具体措施（劳动和社会保障部，2002）；2002年11月，中共十六大报告提出统筹城乡经济社会发展的战略，报告高度评价了农民工流动，指出要消除不利于城镇化发展的体制和政策障碍，引导农村劳动力合理流动；2003年1月，国务院办公厅发布了《关于做好农民进城务工就业管理和服务工作的通知》，要求取消不合理限制农民工进城务工就业的政策，多渠道安排农民工子女就学（国务院办公厅，2003）。

2001年中国加入WTO以后，加入WTO的制度红利使出口加工制造业迅速发展；同时，中国经济进入新一轮经济增长周期，带来劳动力需求的快速增长；另外，由于计划生育政策的严格控制，生育率和人口增长率下降，2000年以后生育率开始快速下降，2000—2010年，人口年均自然增长率仅为0.57%。而自1980年以来，农村转移劳动力数量增速约为11.5%，当劳动力转移速度高于人口增长速度时，刘易斯转折点就会到来（拉尼斯、费景汉，1961）。因此，农村转移劳动力的供求关系发生了根本性的转变，普通劳动力短缺开始出现，2003年狭义农业剩余劳动力规模仅在4 600万左右（王检贵、丁守海，2005）；这就使得位于收入分布底端的农民工开始有更快的工资增长，同时，在劳动力短缺现象出现的条件下，制度性工资形成机制也被逐步打破（蔡昉、都阳，211），劳动力市场功能愈加趋于完善，边际劳动生产力在工资形成中的作用日益增强。因此，农村转移劳动力议价能力迅速提高，农村转移劳动力工资开始上涨。但是，由于农村转移劳动力工资增长速度仍然低于城镇劳动力工资，因此，在这个阶段,农村转移劳动力工资和城镇劳动力工资之间差距仍在扩大。

（二）农村转移劳动力工资加速上升阶段（2004—2011 年）

2004 年国务院办公厅发布了中央一号文件,更加重视农村劳动力转移工作,采取更加积极的鼓励性措施促进农村劳动力转移,明确要求取消和清理阻碍农村转移劳动力进城就业的乱收费和歧视性规定。从 2004 年开始,中国经济持续快速增长,然而,由于城市生活成本的高昂和城市对农村转移劳动力的制度性排斥,部分农村转移劳动力无法在城市定居而回流农村;农业税的取消、农业补贴以及农产品价格的上升使得农业比较收益略有提高,使得外出打工机会成本提高,也导致了部分农村转移劳动力回流农村。另外,新生代农民工观念发生较大变化,休闲逸乐正逐渐成为他们的一个机会成本,所以,新生代农民工的劳动供给曲线是整体向左移动的（郑秉文,2010）。因此,2004 年以后全国开始出现民工荒,农村转移劳动力工资增速开始加快,但是由于城镇劳动力的工资增长也很快,两者之间的差距仍在扩大;直到 2006 年以后,农村转移劳动力工资增长率达到 18.09％,才超过了城镇劳动力的工资增长率 14.94％,农村转移劳动力工资才开始加速趋同于城镇劳动力工资。

总之,随着经济持续增长、人口出生率下降和农村剩余劳动力的不断减少,劳动力需求增长超过供给增长速度,劳动力由剩余变为短缺,相应的劳动力供给曲线开始向上倾斜,刘易斯转折点的到来是必然的。在刘易斯转折点到来的情况下,普通劳动者的短缺既已发生,劳动力供求关系对工资差距的影响作用相对上升,即使在导致工资差异的因素仍然存在的情况下,也会表现出工资趋同的结果（蔡昉、都阳,2011）。因此,农村转移劳动力工资逐步趋同于城镇劳动力工资是必然的趋势。

二、　价格动态变化及趋同理论分析

（一）基于马克思主义劳动理论的价格趋同分析

1. 基于马克思主义工资理论的分析

依据马克思主义经济学的工资理论分析:首先,随着经济的发展和转移劳动力规模越来越大,20 世纪 80 年代和 90 年代出生的新一代农村转移劳动力成为农村转移劳动力的主力,新一代农村转移劳动力因为上学或者是从小就跟随父母在城市务工，已经习惯了城市生活，而且缺乏从事农业的技术，因此，新一代农村转移劳动力大部分已经不可能再回到农村，将来要在城市定居生活下来，他们在城市定居生活，将会面对与城市居民同样的包括生活资料、住房和子女教育等生产再生产成本，而且由于转移劳动力基本都不享有城市的各种保障，他们的生产再生产成本甚至有可能高于城市居民，所以，他们必然要求与城市居民同样的工资以维持劳动力的生产再生产。如图 3-6 所示，从 2000 年至 2011 年，与转移劳动力生活密切相关的城市房租价格指数增长了 55.7%，CPI 增长了 30.2%，这意味着他们的劳动力再生产成本大幅增加。其次，新一代农村转移劳动力大部分比父辈接受了更高的教育水平，他们绝大多数都接受中等教育，甚至有些还有大学学历，他们技能也更高，因此，也会要求更高的工资。再次，由于农村转移劳动力工资扭曲，导致农村转移劳动力由于收入低而带来的农村转移劳动力再生产萎缩，也不利于企业的发展，因此，企业也在一定程度上有逐步提高农村转移劳动力工资的意愿。

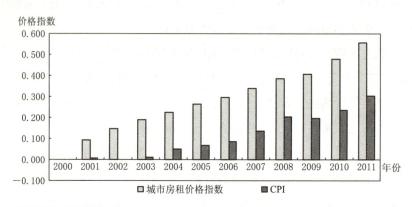

资料来源：中国统计年鉴。

图 3-6   城市租房定基价格指数和 CPI 基价格指数走势

2. 基于马克思主义劳工权益理论的分析

随着社会经济的发展和文明程度的提高，社会和农村转移劳动力本人对同工不同酬等歧视农村转移劳动力的不平等现象越来越难以忍受。一方面，政府制定和完善《劳动法》以及逐步提高最低工资标准，同时推动企业为劳动工人缴纳社会保险,2013 年中央一号文件规定对在城镇就业而暂未落户的农民工,也要努力实现基本公共服务全覆盖,因此,这在一定程度上促进了农村转移劳动力工资和保障水平的提高;另一方面,由于新一代农村转移劳动力大部分知识水平较高,他们都较为普遍地使用互联网,较高的知识水平和网络信息的迅速传播,推动了新一代农村转移劳动权利意识的觉醒,他们开始使用法律、罢工等途径维护自己的合法权益,减少了权益受损程度,近年来越来越多的罢工事件即是例证。

(二) 基于现代经济学供求理论的价格趋同分析

商品的供给和需求决定其价格是最基本的经济学原理,在市场经济条件下,本书将劳动力价格的走势纳入供求分析框架中进行分析,劳动力供求的变化必然导致劳动力价格的变化,如果劳动力需求的增加大于其供给的增加,将会引起劳动力价格的升高;反之,劳动力供给的增加大于其需求的增加,将会引起劳动力价格的下降。本节通过构建一个分层的劳动力市场框架来分析中国劳动力市场中农村转移劳动力价格和城镇劳动力(城镇非农劳动力)价格的走势。

1. 农村劳动力市场

农村劳动力市场的供给主体是农村现有劳动力及新增劳动力,其需求主要包括第一产业从业者、农村非农劳动力、农村转移劳动力和农村来源大学生。依据托达罗劳动力转移模型,人口流动过程是人们对城乡预期收入差异而不是实际收入差异做出的反应,只要在迁移计划期内的预期城市收入净现值超过农村收入的净现值,迁移决策就是无可厚非的。农村现有劳动力及新增劳动力依据预期收入差异选择留在农村或者进入城市非正规劳动力市场,1991 年和 2010 年农村转移劳动力工资比农民人均纯收入分别高出 1 759 元和 15 621 元,1991—2010 年收入差距的年增长率为 12.18%,因此,农村剩余劳动力进入城市非正规部门工作是理性决策;而农村新增劳动力中能力较强者通过考入大学进入城市劳动力市场。从图 3-7 可以看出,40 岁以下农村剩余劳动力数量从 1991 年的 9 146 万减少到了 2010 年 6 392 万,[1]年均减速为 1.88%。因此,农村剩余劳动力的数量急剧减少已成为共识,这从农村人口数量变化上

也可以看出,农村人口增速从 1991 年的 11.71‰急剧降低到了 2011 年的
−21.71‰,[2]特别是自 1980 年开始的计划生育政策对劳动力的延缓效
应在 20 世纪 90 年代开始显现,从 1996 年开始,农村人口绝对数量开始
逐年减少(杜建军、孙君,2013)。

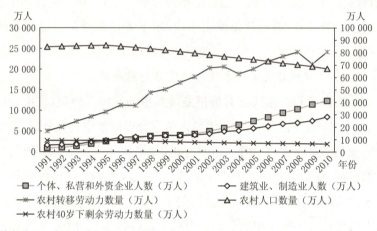

资料来源:《中国统计年鉴》和笔者处理数据。

图 3-7　农村转移劳动力数量供求走势

2. 城市非正规劳动力市场

城市非正规劳动力市场又分为以脑力劳动为主的高端行业和职业,
以体力劳动者为主的低端行业及职业。城市非正规劳动力市场的需求主
体主要包括城镇私营企业、个体企业、外资企业、国有及国有控股企业的
外包项目;供给主体主要包括农村转移劳动力、城镇(非农)低技能劳动
力、低技能的大学毕业生。一些城镇低技能劳动力、低技能大学生由于无
法进入城市正规劳动力市场,只能转向城市非正规劳动力市场,但由于人
力资本禀赋的较高,他们绝大多数都进入了城市非正规劳动力市场中的
高端行业;农村转移劳动力由于人力资本禀赋较低,绝大多数只能进入城
市非正规劳动力市场中的低端行业或职业,只有极少数通过继续学习和
经验技术积累实现向上流动,进入城市非正规劳动力市场中的高端行业
或职业,他们人数虽少,却在一定程度上拉高了农村转移劳动力的工资水
平。因此,城市非正规劳动力市场中的外来劳动力与本地劳动力仍然存

在着市场分割(蔡昉等,2004),互相影响不大。所以,我们分析农村转移劳动力的价格时,出于简化分析需要,可以暂时不考虑城镇低技能劳动力和低技能大学生对农村转移劳动力价格的影响。

从农村转移劳动力供给的角度分析,由于农村人口和农村剩余劳动力绝对数量的急剧减少,可供转移的潜在剩余劳动力越来越少,尽管农村转移劳动力数量从 1991 年的 5 032 万快速地增长到了 2002 年的 20 333 万,年均增速约 13.55%,但是,2002 年之后其增速急速放缓,从 2002 年的 20 333 万缓慢增长到了 2010 年的 24 223 万,年均增速约 1.96%;从 1991—2010 年这 20 年间,年均增速约为 8.62%。我们用农村转移劳动力比较集中的城镇私营、个体、外资企业、建筑业和制造业的从业人数来分析农村转移劳动力的需求趋势。城镇私营、个体和外资企业从业人数从 1991 年的 925 万增长到了 2010 年的 12 361 万,年均增速约为 14.62%;建筑业和制造业的从业人数从 1991 年的 1 608 万增长到了 2010 年的 8 481 万,年均增速约为 9.15%。从以上分析和图 3-7 可以看出,农村转移劳动力的主要需求方城镇私营、个体和外资企业需求人数年均增速约 14.62%,远远大于农村转移劳动力数量的供给年均增速 8.62%;农村转移劳动力的重要需求行业建筑业和制造业需求人数年均增速 9.15%,尽管小于农村转移劳动力数量从 1991—2002 年的年均增速 13.55%(杜建军、孙君,2013),但却远远大于 2002 年以后的年均增速 1.96%;[3]在劳动力短缺现象出现的条件下,制度性工资形成机制也被逐步打破(蔡昉、都阳,2011),因此,从农村转移劳动力数量供求分析,农村转移劳动力价格加速上升是必然趋势。

3. 城市正规劳动力市场

城市正规劳动力市场供给主体主要包括城镇原有劳动力、毕业大学生和通过其他途径加入城镇户籍的农村劳动力。需求主体主要包括国有机关事业单位、国有及国有控股企业。由于城镇劳动力数据难以获得,用城镇非农人口来近似代替城镇劳动力。从供给的角度分析,由于城镇的扩张和大学毕业生数量的激增,城镇劳动力从 1991 年的 24 418 万增长到了 2010 年的 45 964 万,年均增速约为 3.39%;其中,城市正规劳动力

市场供给的一个主要来源毕业大学生从 1991 年的 62 万增长到了 2010
年的 716 万，年增速达到 13.74％。从城镇劳动力需求的角度分析，我们
以城镇劳动力集中的国有单位从业人数和国有及国有控股企业从业人数
的变化趋势进行分析，国有单位从业人数从 1991 年的 10 664 万降低
到了 2010 年的 6 516 万，年均降速约为 2.56％；国有及国有控股企业从业
人数从 1991 年的 4 472 万降低到了 2010 年的 1 836 万，年均降速约为
4.58％。从以上分析和图 3-8 可以看出，城镇劳动力的主要需求方国有
单位和国有及国有控股企业需求人数年均下降速度分别约为 2.56％和
4.58％；而城镇劳动力的供给却稳步增长，年均增速约为 3.39％。[4]因
此，从城镇劳动力数量的供求趋势分析，城镇劳动力的价格增速放缓是必
然的。然而，由于部分低技能的城镇劳动力和大学生转向城市非正规劳
动力市场中的高端行业、劳动力价格刚性和城镇生活成本的持续增长，城
镇劳动力的价格仍将保持一定的较为缓慢的增速。

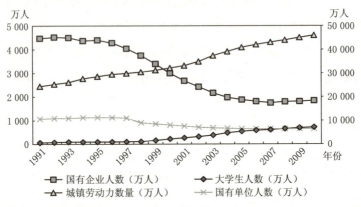

资料来源：《中国统计年鉴》《中国人口和就业统计年鉴》。

图 3-8　城镇劳动力数量的供求走势

4. 价格趋同分析

从劳动力供求的角度分析，尽管从 1991—2010 年农村转移劳动力的
供求都保持了一定的增速，但是，由于农村转移劳动力的需求增速较快，
所以农村转移劳动力的需求曲线如图 3-9 所示，由 D_1 大幅右移到了 D_2；
然而，农村转移劳动力的供给增速却相对较小，所以农村转移劳动力的供

给曲线由 S_1 小幅右移到了 S_2，因此，农村转移劳动力的供求均衡点由 A 点移到了 B 点，农村转移劳动力的工资水平由 W_1 大幅上升到了 W_2。从 1991—2010 年城镇劳动力的供给稳步增长，因此，如图 3-10 所示，城镇劳动力的供给曲线由 S_3 较大幅度右移到了 S_4。依据以上城镇劳动力的需求分析，城镇劳动力的需求是逐步下降的，城镇劳动力的需求曲线应该由 D_3 小幅左移到 D_4，但由于城市正规劳动力市场无法为不断增长的城镇劳动力提供充足的就业岗位，一部分低学历、低技能的城镇劳动力和低技能的大学生只能转向城市非正规劳动力市场中的高端行业和职业，这部分人的就业市场与少数高技能的农村转移劳动力就业市场重叠，这样，就整体拉低了城镇劳动力的工资水平，并使得城镇劳动力的需求曲线由 D_3 小幅右移到 D_5，最终城镇劳动力的供求均衡点由 C 点移到了 E 点，其工资水平由 W_3 小幅上升到 W_4。总之，由于农村剩余劳动力由剩余变为短缺及劳动力市场的结构性原因，导致农村转移劳动力的工资大幅上升以及城镇劳动力的工资小幅上升，农村转移劳动力的工资就开始逐步动态地趋同于城镇劳动力的工资水平（杜建军、孙君，2013）。

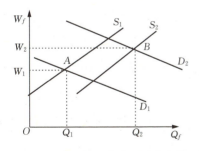
　　图 3-9　农村转移劳动力工资变化

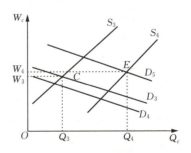
图 3-10　城镇非农劳动力工资变化

第四节　农村转移劳动力价格扭曲对城市
经济贡献的理论研究

一、基于马克思主义剩余价值理论和资本积累理论的贡献分析

马克思主义剩余价值理论指出工人的剩余劳动是剩余价值的唯一源

泉,剩余价值是靠把工人的劳动时间延长到必要劳动时间以上获得的。绝对剩余价值生产的主要手段是延长劳动时间,相对剩余价值的生产是通过缩短必要劳动时间,相应地改变工作日中必要劳动与剩余劳动的比例而生产的。农村转移劳动力通过以下几种方式为城市部门贡献了大量的相对剩余价值和绝对剩余价值:(1)农村转移劳动力的每周平均劳动时间约为 55 小时,比 1980—2011 年城镇劳动力的平均每周工作时间 42 小时多 13 个小时,农村转移劳动力通过这多出的 13 个小时的劳动时间创造出的绝对剩余价值就无偿地被城市部门所占有了;(2)从 1980—2011年,农村转移劳动力的工资比城镇劳动力平均低 27.72%,这部分工资中的约 46.98%(第四章研究结果)是由户籍差异所导致的,因此,农村转移劳动力的工资和城镇劳动力工资差异中的 46.98%就是农村转移劳动力为城市部门创造的相对剩余价值;(3)从 1980—2011 年,农村转移劳动力基本上没有获得社会保障,而城镇劳动力则有社会保障,农村转移劳动力和城镇劳动力同工报酬不同,这部分农村转移劳动力没有获得的社会保障就是他们为城市贡献的相对剩余价值。

马克思主义资本积累理论对扩大再生产的分析表明,积累的资本在它的起点上就是剩余价值的资本化,是工人血液的凝固。因此,农村转移劳动力为城市部门贡献的大量剩余价值转化为城市部门的资本积累,为城市部门不断地扩大再生产提供了源源不断的资本,为中国的城市化和工业化的快速发展做出了巨大贡献。现实中,从 1980—2011 年期间,低劳动力成本是中国变成世界工厂的根本原因,是中国城市化和工业化的最重要的动力之一。

二、 基于马克思主义劳动力转移理论和发展经济理论的贡献分析

在劳动力转移理论中,马克思强调资本主义生产占领农业以后,随着农业生产率的提高,对农业工人人口的需求就随之减少,部分农业人口经常准备着转入城市制造业无产阶的队伍。农业剩余是传统经济形成现代工业和农业分工的前提条件,由于资本主义生产方式的本性,它拼命扩大资本积累,不断推进经济生活的工业化和城市化,从而不断地将农村剩余

劳动力转移到城市。现代发展经济理论中的乔根森劳动力转移模型和马克思主义劳动力转移理论的内在逻辑基本是一致的,当农业部门产品增长率也即人均粮食供给增长率高于人口增长率时就产生了农业剩余。经济增长决定了人口的增长,而且人口增长是有生理界限的,但是不断的技术进步则保障了经济的持续增长,所以经济增长肯定会超过人口的增长,因此,也就必然会出现农业剩余。农业生产率的提高和农业剩余的增加是农村剩余劳动力转移到城市的前提条件,农业生产率提高和农业剩余增加以后,农业部门可以用更少的劳动力生产出维持中国生存发展所需的农产品,因此,随着农业生产率的不断提高,农业剩余劳动力持续增加。改革开放以后,由于劳动力要素的相对自由地流入城市工业部门,为城市工业部门的发展提供了源源不断的廉价劳动力,农村转移劳动力工资长期处于非市场因素决定的不变制度工资水平,从而使越来越多的农业剩余以农村转移劳动力为载体源源不断地转移到城市工业部门。城市部门吸收农业剩余劳动力和农业剩余的路径如下:

城市部门的生产函数:

$$Y_c = F(K、L_C、t) \tag{3.1}$$

$$\frac{\partial Y_c}{\partial t} = F_t(K、L_C、t) \tag{3.2}$$

随着时间的推移和资本积累,城市部门生产率不断提高,为农业部门持续地提供了消费和农业投入所需要的现代工业品。

农业部门的生产函数:

$$Y_A = A(S、L_A、t) \tag{3.3}$$

$$\frac{\partial Y_A}{\partial t} = A_t(S、L_A、t) = A_t(S、L_A、Y_a(t)),\ \frac{\partial Y_A(t)}{\partial Y_a(t)} > 0 \tag{3.4}$$

上式表明,农业部门劳动生产率的提高取决于现代工业品的投入数量。随着农业部门劳动生产率的提高,农业部门产生了大量剩余劳动力和农业剩余。

农业剩余劳动力的吸收路径:

城市部门的生产函数: $Y_c = F(K、L_C、t)$ （3.5）

劳动力的边际生产率: $MP_L = \dfrac{\partial Y_c}{\partial L} = F_L(K、L_C、t)$ （3.6）

资本的边际生产率: $MP_K = \dfrac{\partial Y_c}{\partial K} = F_K(K、L_C、t)$ （3.7）

假设城市部门的收入分配是竞争性的,则下式成立:

$$MP_L = F_L(K、L_C、t) = w_c(t)$$ （3.8）

在农业部门存在大量剩余劳动力的情况下,只要城市部门不断地提供不低于不变制度工资 SW 的工资,农村剩余劳动力就源源不断被吸收到了城市部门。劳动力的吸收路径如下:

$$L(t) = F(w_c(t)) = F_L(K、L_C、t) = y(K，t)$$ （3.9）

然而,在改革开放的前 20 年,虽然农村转移劳动力因为价格扭曲为城市部门经济增长做出了巨大贡献,但是,因为农业剩余随着廉价劳动力转移的流失,农业部门却付出了巨大代价,农业和农村在 20 年中几乎没有多少变化。如图 3-11 所示,从 1980—2002 年,农村转移劳动力数量增长很快,然而农村转移劳动力工资除了少数年份外增长缓慢;第二、第三产业总产值增长迅速,但是农业总产值却增长很慢,从 1996—2002 年,除去物价上涨因素外,农业总产值增长几乎停滞。

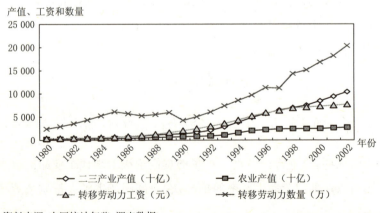

资料来源:中国统计年鉴、调查数据。

图 3-11　二三产业、农业转移劳动力工资和数量走势

第五节　价格扭曲、趋同对农村的影响理论研究

一、　农村转移劳动力价格扭曲与农村发展理论分析

农村转移劳动力价格扭曲对农村的影响效应,表现为阻碍了农村发展,拉大了城乡和地区差距的负面效应。

(1)马克思主义工资理论中劳动力的价值包括维持劳动力所有者所需要的生活资料的价值、工人家庭子女的生活资料价值和适应生产需要的劳动力的培养训练费用。农村转移劳动力价格扭曲带来了劳动力生产和再生产的萎缩,一方面使得劳动力自身技能和生产能力下降,收入增长停滞;另一方面也损害了劳动力的家庭生活和子女培养,削弱了劳动力的再生产能力。现实中很多农村转移劳动力特别是第一代农村转移劳动力的家庭和子女留守在农村,农村转移劳动力价格扭曲导致汇回农村的资金减少,不能满足农村发展所需要的资金需求,使得城乡鸿沟愈来愈大;此外,因父母外出务工而形成的留守儿童问题已成为中国的一个巨大的社会问题。因此,转移劳动力价格扭曲阻碍了农村的发展,带来了城乡差距的持续扩大。

(2)农村的劳动力转移在长远看来是不利于农村的持续发展的。农村剩余劳动力并不是真正的剩余,而是基于农村的贫困和落后,大量文化知识和技能相对较高的年轻劳动力,不甘于农村的贫困和落后,而寻找更好的发展机会,而这些农村优质劳动力恰恰是农村长久发展的基础和动力。然而,这些农村的优质劳动力流入城市后,并没有按照市场原则获得相应的报酬,而是只获得了拉尼斯—费景汉劳动力转移模型中的基于制度因素决定的勉强维持生活的不变制度工资,因为工资扭曲而导致农村转移劳动力扣除生活费用后汇回农村的剩余过少,不足以弥补农村因为优质人力资本的流失而造成的损失。改革30年的经验未能证实由于劳动力报酬差异的存在,在驱动劳动力追求高边际报酬实现农业和现代产业边际报酬均等,从而提高农业从业者的收入方面有所改善(肖卫等,2009)。因此,随着这些优质农村人力资本的流失,农村趋于空心化,近些

年农村凋敝，农村人员以妇女、儿童和老人为主的结构便是典型例证。

（3）新制度经济学理论指出改变现有的制度安排，制度创新者能够获得在原来制度下得不到的利益。任何制度安排都有可能影响资源配置效率和收入分配，城市管理制度的排斥导致农村转移劳动力游离于城市之外，农村转移劳动力由于无法获得城市户籍，因而社会保障缺失，导致农村转移劳动力价格发生扭曲，其后果是人口城市化大大滞后于工业化和土地城市化，农村转移劳动力和农村无法获得改变现有的制度安排所带来的潜在利益，这也带来了农村的相对贫困，城乡差距的持续拉大。如图 3-12 所示，1980—2002 年城镇户籍人口增长速度远远慢于第二产业增长速度。

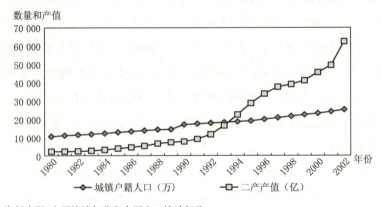

资料来源：中国统计年鉴和中国人口统计年鉴。

图 3-12　城镇户籍人口和第二产业产值走势

二、　农村转移劳动力价格趋同与农村发展理论分析

农村劳动力转移价格趋同对农村的影响效应，表现为促进了农村发展，缩小了城乡差距。马克思指出真正发展农业的任务是由资本主义生产方式来完成的，由于资本主义生产方式的本性，它在不断提高劳动生产力的同时拼命扩大资本积累，不断推进经济生活的工业化和城市化的同时，不断地转移农村剩余劳动力，促进了农业、农村的发展。

（1）马克思主义工资理论认为劳动力的价值包括维持劳动力所有者

所需要的生活资料的价值、工人子女的生活资料价值和适应生产需要的劳动力的培养训练费用。劳动力的价值是由生产、发展、维持和延续劳动力所必需的生活资料的价值决定。农村转移劳动力特别是第一代农村转移劳动力的工资收入在扣除生活费用以维持自身的再生产之后，大部分都汇回到农村，所以劳动力价格的趋同，增加了农村转移劳动力汇回农村的资金，图 3-13 显示从 2000—2011 年，农村转移劳动力剩余工资增长了 4.23 倍，农村转移劳动力剩余工资的增长改善了他们家庭子女的消费、农业生产和居住条件，这都缩小了城乡差距。如图 3-14 所示，中国农民工资性收入占总收入的比例从 2000—2011 年一直在增长，特别是近几年增长较快。

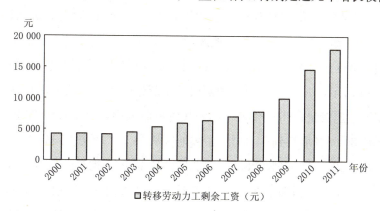

资料来源：笔者调查和处理。

图 3-13　农村转移劳动力剩余工资走势

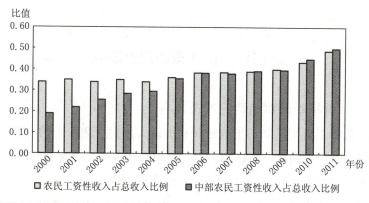

资料来源：中国统计年鉴和笔者处理。

图 3-14　全国和中部农民工资性收入占总收入的比例走势

（2）2008 年中央一号文件指出健全城乡统一的生产要素市场,引导资金、技术、人才等资源向农业和农村流动。2009 年中央一号文件提出落实农民工返乡创业扶持政策,在贷款发放、税费减免、工商登记、信息咨询等方面提供支持,保障返乡农民工的合法土地承包权益;同时,充分挖掘农业内部就业潜力,拓展农村非农就业空间,鼓励农民就近就地创业。因此,在中央政策的支持下,有些农村转移劳动力因为劳动力工资收入的上升,在城市务工积累了资本后,返回农村投资创业,另外,还将在城市学习得到的新观念、新知识、新技术和经验等人力资本带回了农村,促进了农村的发展。

（3）中国农村转移劳动力的流向是从中西部不发达地区流入东部沿海发达地区,随着农村转移劳动力工资的上升,在扣除生活费用以后,可以将剩余的资金汇回中西部地区,所以,劳动力大规模跨区域流动是构成中国地区经济增长阶段性收敛机制的重要诱发变量(刘强,2001)。如图 3-14 所示,2000—2011 年,中部农民工资性收入占总收入的比例与全国相比增速较快;1997—2002 年,农民家庭收入中来自工资的部分,东部地区从 30.68% 增长到 44.46%,中部地区从 18.70% 增长到 33.11%,西南地区从 13.27% 增长到 30.85%,西北地区从 13.98% 增长到 27.12%,中部地区、西南地区和西北地区的增长速度显然快于东部地区(Yang Du et al.,2005),因此,这促进了中部地区、西南地区和西北地区农村的发展,缩小了中部地区与东部地区的差距。

第六节　农村转移劳动力价格趋同
对国民经济冲击的理论研究

一、 价格趋同对消费的冲击效应

过低的工资水平制约了农村转移劳动力相对生活水平的提高,增强了其预防性储蓄偏好,导致内需不足,给中国经济持续健康发展埋下了巨大隐患。内需不足是我国过度依赖投资和出口的主要原因,而出口竞争又主要依赖价格优势,这反过来导致工资增幅减小,内需更加不足,如此形成恶性循环(马延泽,2013)。农村转移劳动力价格的上升导致农村转移劳动力收入的增加,依据马克思主义工资理论,农村转移劳动力收入的增加一方面增加了农村转移劳动力的消费能力,另一方面也增加了农村转移劳动力家庭及子女的消费能力。根据凯恩斯边际消费倾向递减规律,因为农村转移劳动力属于中低收入阶层,他们的边际消费倾向和平均消费倾向都比较高,他们的消费对象主要是国内生产的低档商品,因此,农村转移劳动力价格上升的直接后果将是国内消费需求的增加。杨天宇和侯玘松(2009)研究表明中国的收入分配显著影响了居民消费,中低收入阶层的收入份额提高对居民消费需求增加具有显著作用。另有研究显示,江西省居民消费总量的增加主要依靠劳动者报酬的提高,劳动报酬比每增加1%,居民消费率提高0.596 9%。(郑延智、黄顺春,2013)。

二、 价格趋同对投资的冲击效应

价格趋同对投资的冲击效应主要表现在:(1)农村转移劳动力价格的上升将会减少企业的利润,导致资本积累减少。发展经济学古典主义理论强调,工资压力是对资本积累的致命威胁(Lewis,1954;Ranis、Fei,1961)。农民工工资上涨对工业资本积累的影响具有渐进性和持续性,它的正向冲击信号在初期只能对投资增速造成有限的负面响应,但随着时间推移,冲击不断增强并长期维持在一个较强的水平,以制造业为例,农民工工资上涨1%,在第一期会使工业投资增速下降0.047%,但随着时间推移冲击响应不断增强,第四期即达到0.14%,其后虽有所衰减,但会在较长时间内维持较高的冲击响应(丁守海,2008)。(2)工资上涨一方面表现为对国内投资的抑制,中国企业过去过度依赖劳动力的成本优势,而缺乏技术、创新等其他方面的核心竞争力,失去劳动力成本优势以后,中国企业的高投资率能否持续是值得怀疑的,江西省劳动报酬比提高对投资产生负面影响,劳动报酬比提高1%会导致投资率下降0.113 6%(郑延智、黄顺春,2013);另一方面表现为对外商直接投资的抑制,外商直接投资是中国资本形成的主要来源之一,劳动力成本的比较优势是中国之所以能吸引到大规模外商直接投资最主要的原因,但中国工资水平的上涨将使这一优势逐渐丧失,这会抑制外商对中国的直接投资(徐清,2012)。(3)农村转移劳动力价格的上升将会使一些低利润投资项目因为劳动力成本的上升而变得没有利润。因此,农村转移劳动力价格的上升将会从这两方面抑制企业的投资,对投资带来不利的冲击效应。

三、价格趋同对进口的冲击效应

农村转移劳动力价格的上升导致农村转移劳动力收入的增加,依据马克思主义工资理论,农村转移劳动力收入的增加带来农村转移劳动力的消费增加,也导致了农村转移劳动力家庭及子女的消费增加,其中,有一部分消费物品是进口商品。但是依据凯恩斯边际消费倾向递减规律,因为农村转移劳动力属于中低收入阶层,虽然他们的边际消费倾向和平均消费倾向都比较高,但是他们主要消费的是廉价的国内商品,对于相对高档的进口商品需求能力有限,因此,农村转移劳动力价格的上升可能会带来进口的增加,但增加幅度有限(杜建军、刘博敏,2014)。如图 3-15 所示,农村转移劳动力工资和中国进口总额走势基本一致,呈现明显的正相关系,这显示农村转移劳动力价格的上升导致了进口的增加。

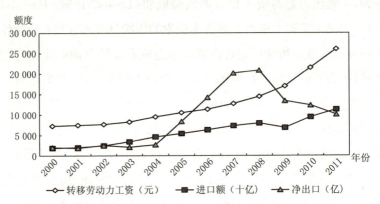

资料来源:笔者处理数据和中国统计年鉴。

图 3-15 农村转移劳动力工资、进口额与净出口额走势

四、价格趋同对出口和净出口的冲击效应

改革开放以来,中国出口的不断扩大,特别是 2001 年加入 WTO 以后,出口更是连续多年保持了 30% 左右的增速,这成为推动中国持续 30 多年的高速经济增长的重要根源。农民工相对收入每下降一个百分点,将使加工贸易出口增加 11.23 亿美元(宋志刚、王怀民,2006),因此,大量

廉价的农村转移劳动力是中国出口的高速增长的最重要的因素。农村转移劳动力价格的上升将会提高企业的劳动力成本,导致企业利润减少;同时,如果企业为保持利润而把因劳动力价格上升造成的成本提高转移到商品价格上,导致商品价格上升,使得国外消费者减少购买中国的商品,这也将会对出口产生不利的影响(杜建军、刘博敏,2014)。

农村转移劳动力价格的上升一方面将对中国出口产生重大的负面效应,减少出口;另一方面因为农村转移劳动力收入的增加,将会适度地增加对进口商品的需求,从而引致进口商品增加。因此,农村转移劳动力价格的上升对进出口两方面效应的叠加,将导致净出口出现较大幅度的减少。图 3-15 显示中国净出口额因为 2001 年加入 WTO 而快速增长了几年,但是随着农村转移劳动力工资在 2006 年以后加速上升,净出口额从 2008 年开始增速减慢,2009 年开始急剧下降,这显示农村转移劳动力工资的上升对净出口有明显的负面影响。

五、 价格趋同对 GDP 的冲击效应

综合以上分析,农村转移劳动力价格的上升趋同对 GDP 的冲击效应主要表现在:(1)农村转移劳动力价格的上升提高了企业的劳动力成本,导致企业利润减少,同时导致商品价格上升,从而使得销售和出口减少,这些都会对 GDP 带来不利的冲击效应。(2)农村转移劳动力价格的上升导致农村转移劳动力收入的增加,其直接结果将是消费和进口的增加,这将会对 GDP 带来有利的冲击效应(杜建军、刘博敏,2014)。(3)农村转移劳动力价格的上升将会减少企业的利润,抑制企业的投资,这将会对 GDP 带来不利的冲击效应。有学者研究得出江西省劳动报酬比每提高一个百分点,总产出提高 0.483 个百分点,劳动报酬比上升 1 个百分点,江西经济增长率提高 5.621 1 个百分点(郑延智、黄顺春,2013)。另外,沈坤荣和刘东皇(2011)采用 1978—2009 年数据进行实证分析,研究结果表明我国劳动力成本上升对总产出的影响从改革开放初期的正效应转变为当前的负效应。Bowles 等(1995)把劳动力成本上升抑制经济增长称为利润驱动型经济,他们利用 1961—1987 年的数据,发现法国、德国和日本的劳动成本上升对经济增长产生抑制作用。

第七节　本章小结

本章综合运用马克思主义经济理论、现代西方经济理论深入地对中国农村转移劳动力价格扭曲、变化趋同及其对城市经济增长、农业农村发展和国民经济发展的影响进行理论研究。

通过研究得出以下结论:(1)农村的低发展水平、资本稀缺、农村转移劳动力半无产阶级化、劳工权益缺失、城乡的巨大差异以及二元户籍二元劳动力市场制度是中国农村转移劳动力价格扭曲的主要原因;(2)城市生活成本的提高、农村转移劳动力维权意识的提高和中国劳动力市场供求关系的变化是中国农村转移劳动力价格变化趋同的主要因素;(3)农村转移劳动力创造的剩余价值的资本化和农村剩余劳动力的转移是城市经济增长的重要因素;(4)农村转移劳动力价格扭曲不利于农村发展,农村转移劳动力价格变化促进了农村发展,缩小了城乡差距;(5)农村转移劳动力价格变化趋同通过各种机制对中国消费、投资、进出口、净出口和GDP产生了巨大的冲击效应。

注　释

[1] 我们用农村总人口减去农村从业人数,再减去农村生源大学生人数得到农村剩余人口数量,然后默认20—40岁的农村剩余劳动力为潜在可转移劳动力,由此得到40岁以下农村剩余劳动力数量。

[2] 数据来源于《中国统计年鉴》《中国人口和就业统计年鉴》和笔者处理。

[3] 数据来源于《中国统计年鉴》《中国人口和就业统计年鉴》和笔者处理。

[4] 数据来源于《中国统计年鉴》《中国人口和就业统计年鉴》《中国农村住户调查年鉴》和笔者处理。

第四章
农村转移劳动力工资和数量处理与估计

目前,有关农村转移劳动力及其工资方面的研究越来越多,但是关于 1980—2009 年每年的农村转移劳动力的数量,目前国家统计局并没有公布系统的统计,也没有学术文献进行系统的估计,现有不多的测算却存在较大的争议:有的研究认为全部农民工数量 2002 年和 2004 年分别为 10 720.3 万和 11 963.4 万(丁守海,2006);然而却有研究得出仅跨乡镇流动就业的农民工数量 2002 年和 2004 年就分别为 10 470 万和 11 823 万,另外还约有 37.7% 的农民工本乡镇范围内从事非农工作(蔡昉,2010);另有的研究却估算 2002 年和 2004 年的农民工数量分别为 20 500 和 22 000 万(杨聪敏、杨黎源,2010);《中国农村住户调查年鉴》提到的相应农民工数量为 16 460 万和 17 362 万。以上对农民工数量的测算差别很大。因为农村转移劳动力的数量差别很大,导致与之有关的很多研究结果相差甚远,缺乏可比性。目前,《中国农村住户调查年鉴》仅在前言叙述中零散提到了几年的农村转移劳动力数量,因此,有必要对 1980—2009 年的中国农村转移劳动力数量进行系统的研究处理,得出一个科学、合理和令人信服的结果,以推动与中国农村转移劳动力相关的研究进一步深入发展。

本章对农村转移劳动力工资和数量进行处理与估计。首先,介绍研究方法与数据来源;其次,对农村转移劳动力工资数据进行探讨,并综合运用调查数据和相关年鉴数据处理得到农村转移劳动力工资数据;再次,对农村转移劳动力数量进行探讨,处理得出农村转移劳动力数量数据,并对处理结果进行比较和讨论。

第一节　研究方法与数据来源

一、研究方法

现有对农村转移劳动力数量在较长时段内进行估算的学术文献很少,丁守海(2006)测算了1987—2004年的农村转移劳动力数量,但是并没有具体说明测算方法,但是他以测算的农村转移劳动力数量为基础,根据农村家庭人均收入中来自非农部门的收入乘以农村总人口,再除以农村转移劳动力总数得到了1987—2004年的农村转移劳动力工资水平。参照丁守海(2006)估算农村转移劳动力工资的方法,本章的具体研究思路如下:(1)通过比较不同的农村转移劳动力工资数据,选出一组较为可靠、符合实际的农村转移劳动力工资数据;(2)用农村人均工资性收入乘以农村户均人数估算出农村平均每户的工资性收入;(3)用农村转移劳动力工资数据减去农村转移劳动力基本生活支出估算出农村转移劳动力工资剩余;(4)用农村平均每户的工资性收入除以农村转移劳动力工资剩余估算出农村平均每户转移劳动力数量;(5)最后用农村平均每户转移劳动力数量乘以农村总户数得到全国农村转移劳动力数量。

二、数据来源

本章的数据来源主要包括《中国统计年鉴》《中国农村统计年鉴》《中国农村住户调查年鉴》《1986—1999年全国农村社会经济典型调查数据汇编》《中国人力资源和社会保障年鉴》和中国营养与健康调查(CHNS)调查数据。

另外,我们在环渤海湾、长三角、珠三角、湖南、湖北、安徽和四川7个区域就农村转移劳动力做了1 400份抽样调查问卷,调查时间跨度为1980—2012年,之所以选择环渤海湾、长三角、珠三角、湖南、湖北、安徽和四川这7个区域就农村转移劳动力做抽样调查问卷,是因为前三个区域是中国的农村转移劳动力主要输入地,而湘、鄂、皖和川4省是中国的农村转移劳动力输出大省,都比较有代表性。从 1 400 份抽样调查问卷中挑选出 1 200 份有效问卷进行统计分析。调查的主要对象包括建筑业和制造业中年龄较大从业者和一般从业者,采用请他们追忆以前工资的方法,得到调查对象 1980—2012 年之间的工资,因为时间跨度太长,有些调查对象时间序列数据不全,在难以精确得到 1980—2012 年之间(特别是 1997 年之前)的农村转移劳动力工资的情况下,本章采用指数平滑法处理缺失的数据,以尽可能减小数据分析中的误差;[1]而且,用农村转移劳动力工资调查数据处理出的农村转移劳动力数量与宏观经济走势较为相符,也证实了调查数据的合理性。由于一些数据的可得性,本章对中国农村转移劳动力数量从 1980 年估算到 2009 年。

第二节　农村转移劳动力工资数据的探讨

一、多方数据比较

(一)中国营养与健康调查(CHNS)调查数据

我们从 CHNS 纵向数据集中的约 4 万个数据中,选取了 1989—2009 年具有连续性和代表性的 500 个样本,调查年份分别是 1989 年、1991 年、1993 年、1997 年、2000 年、2004 年、2006 年和 2009 年共计 8 次调查记录,调查范围涵盖了中国 9 个省、自治区,[2]调查数据无论其样本数量还是时间跨度都有相当代表性,可以较好地反映中国微观工资的动态变化趋势。经过统计分析和处理后的数据见表 4-1:

表 4-1　农村转移劳动力工资 CHNS 调查数据　　　(单位:元/年)

年份	1989	1991	1993	1997	2000	2004	2006	2009
工资	1 584	2 312	3 719	5 981	8 569	12 245	16 140	23 700

资料来源:CHNS 调查数据。

(二)中国农村住户调查年鉴数据

《中国农村住户调查年鉴》在其前言中零散地提到一些年特别是 2000 年之后的农民工工资,我们进行统计整理见表 4-2。

表4-2   农村转移劳动力工资《中国农村住户调查年鉴》数据(单位:元/年)

年份	1997	1998	2002	2003	2004	2005	2006	2007	2008	2009
工资	6 712	6 895	7 680	8 280	9 517	10 526	11 352	12 720	14 460	17 004

资料来源:《中国农村住户调查年鉴》。

（三）1986—1999年全国农村社会经济典型调查数据汇编处理数据

我们用《1986—1999年全国农村社会经济典型调查数据汇编》中的农村每户常年外出从事劳务的劳动力人数和每户外出劳务收入数据处理得出每个农村转移劳动力的年收入,见表4-3。

表4-3   《全国农村社会经济典型调查数据汇编》处理数据

(单位:元,人,元/年/人)

年 份	1986	1987	1988	1989	1990	1991
户均劳务收入	171	215	289	339	354	420
户均外出劳力	0.14	0.15	0.16	0.17	0.17	0.19
外出劳力工资	1 221	1 433	1 806	1 994	2 082	2 211

年 份	1993	1995	1996	1997	1998	1999
户均劳务收入	836	1 483	1 787	1 931	1 964	2 250
户均外出劳力	0.30	0.26	0.25	0.25	0.24	0.22
外出劳力工资	2 787	5 704	7 148	7 724	8 183	10 227

资料来源:《全国农村社会经济典型调查数据汇编》。

（四）调查数据

以上各组数据在准确性、完整性方面都有所欠缺,因此,我们在环渤海湾、长三角、珠三角、湖南、湖北、安徽和四川7个区域就农村转移劳动力做了1 200份有效抽样调查问卷,调查时间跨度为1980—2012年。经过统计分析处理后的数据见表4-4。

表4-4   农村转移劳动力工资调查数据   (单位:元/年)

年份	1980	1981	1982	1983	1984	1985	1986	1987	1988	1989
工资	337	380	429	484	546	618	785	998	1 268	1 611

年份	1990	1991	1992	1993	1994	1995	1996	1997	1998	1999
工资	2 050	2 468	2 971	3 577	4 306	5 184	5 799	6 347	6 895	7 798

年份	2000	2001	2002	2003	2004	2005	2006	2007	2008	2009
工资	8 700	9 583	10 556	11 627	12 807	14 105	15 939	18 011	20 352	22 998

资料来源:笔者调查数据。

二、　数据选择与探讨

综合以上数据,我们发现第一组与第四组数据较为接近,但这两组调查数据与《中国农村住户调查年鉴》零散提到的数据有点差异,第一组与第四组数据要高于第二组数据,可能因为:第一组与第四组数据为非官方调查,调查地域范围主要以东中部为主,而《中国农村住户调查年鉴》数据为中国统计局官方调查,范围包括全国所有地区,因而数据可能低于第一组与第四组数据,但准确性可能高于前两者。

《1986—1999年全国农村社会经济典型调查数据汇编》农户数据处理的农村转移劳动力工资比其他组数据都要高,原因可能是:(1)其户均外出劳动力和现实相比明显偏低,农村的现实是几乎所有青壮年劳动力都外出务工,但《1986—1999年全国农村社会经济典型调查数据汇编》1999年户均外出劳力只有0.22个,其数据所有年份中最高的户均外出劳力只有0.30个,这显然不符合事实;(2)在数据处理过程中放大了原始数据的误差。

经过比较,将《中国农村住户调查年鉴》零散提到的数据和笔者调查数据相结合处理得出农村转移劳动力工资数据,见表4-5。其理由是,首先,CHNS数据和笔者调查数据相差不大,但CHNS为散点非连续数据且缺少1989年之前的数据;其次笔者调查数据和中国农村住户调查年鉴的数据虽有差异,但从2009年向前推移,随着时间的前推,两者差异越来越小,在1997年和1998年时,两者已差别很小;最后,《中国农村住户调查年鉴》的数据虽为权威数据,但其没有1997年以前数据,只能找近似数据代替。

表4-5　农村转移劳动力工资数据　　　　（单位:元/年）

年份	1980	1981	1982	1983	1984	1985	1986	1987	1988	1989
工资	337	380	429	484	546	618	785	998	1 268	1 611
年份	1990	1991	1992	1993	1994	1995	1996	1997	1998	1999
工资	2 050	2 468	2 971	3 577	4 306	5 184	5 799	6 347	6 895	7 083
年份	2000	2001	2002	2003	2004	2005	2006	2007	2008	2009
工资	7 276	7 475	7 680	8 280	9 517	10 526	11 352	12 720	14 460	17 004

资料来源:笔者调查处理数据。

卢锋(2012)也对 1979—2010 年的全国农民工工资数据进行了处理,如图 4-1 所示,1990—2009 年期间本书的调查处理数据和卢锋的处理数据除个别年份之外,差异不大,差异均值是 1.35%;但是在 1980—1989 年期间,差异很大,差异均值达到 54%。卢锋(2012)处理数据的特点是数据跳跃性较大,个别年份数据与前后两年相比差异很大,其处理的全国农民工工资数据在 1980—1989 年期间普遍高于城镇企业工资数据,这与中国 1980 年代农村存在大量的剩余劳动力以及劳动力严重供过于求是相矛盾的。因此综合来看,本书调查处理的农村转移劳动力工资数据更为合理。

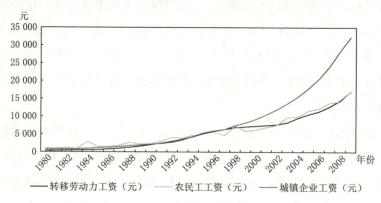

资料来源:笔者调查处理、卢峰(2012)文章和《中国人力资源和社会保障年鉴》。

图 4-1   本书数据与卢锋数据、城镇企业工资数据比较

第三节   农村转移劳动力数量的探讨

一、农村户均转移劳动力人数

(一)农村平均每户的工资性收入

我们用年鉴上的农村人均工资性收入和户均人数很容易求得农村平均每户的工资性收入,用式(4.1)来处理得到农村平均每户的工资性收入见表 4-6,其 1986—1999 年的结果和《1986—1999 年全国农村社会经济典型调查数据汇编》中的农户家庭外出劳务收入数据相差不大,一定程度上验证了结果的合理性。

$$W_h = W_{ap}P_{hp} \tag{4.1}$$

W_h、W_{ap}、P_{hp} 分别表示农村每户工资性收入、农村人均工资性收入和农村户均人数。

表 4-6　农村平均每户的工资性收入　　　　（单位：元/户）

年　　份	1980	1981	1982	1983	1984	1985	1986	1987	1988	1989
户均人数	5.54	5.5	5.46	5.43	5.37	5.12	5.07	5.01	4.94	4.9
人均工资收入	6.2	8.3	11.1	14.9	19.9	26.6	32	38.1	50.2	59.7
户工资收入	34.3	45.7	60.6	80.9	106.9	136.2	162.2	190.9	248.0	292.5

年　　份	1990	1991	1992	1993	1994	1995	1996	1997	1998	1999
户均人数	4.8	4.71	4.67	4.59	4.54	4.48	4.42	4.35	4.3	4.25
人均工资收入	57.7	86.4	129.4	194.5	263	353.7	450.8	514.6	573.6	630.3
户工资收入	277.0	406.9	604.3	892.8	1 194.0	1 584.6	1 992.5	2 238.5	2 466.5	2 678.8

年　　份	2000	2001	2002	2003	2004	2005	2006	2007	2008	2009
户均人数	4.2	4.15	4.13	4.1	4.08	4.07	4.05	4.03	4.01	3.98
人均工资收入	702.3	771.9	840.2	918.4	998.5	1 174.5	1 374.8	1 596.2	1 853.7	2 061.3
户工资收入	2 949.7	3 203.4	3 470.0	3 765.4	4 073.9	4 780.2	5 567.9	6 432.7	7 433.3	8 204.0

资料来源：笔者处理数据。

（二）农村转移劳动力工资剩余

我们用式（4.2）来求农村转移劳动力工资剩余，见表 4-7。2000 年之前的农村转移劳动力生活支出采用农村居民的生活支出减去家庭经营费用，2000 年之后的用城镇居民最低生活支出代替农村转移劳动力生活支出，主要是考虑到 2000 年之前农村转移劳动力以第一代为主，他们的生活习惯还保留着农民的生活习惯，2000 年之后，第二代农村转移劳动力成为主力，他们因为长期居住在城市，生活习惯城市化，但由于收入水平较低，故采用城镇最低生活支出。

$$W_{fs} = W_f - E_{ls} \tag{4.2}$$

W_{fs}、W_f、E_{ls} 分别表示农村转移劳动力工资剩余、农村转移劳动力工资和农村转移劳动力基本生活支出。

表 4-7　农村转移劳动力工资剩余　　　　　　　（单位:元/人）

年　份	1980	1981	1982	1983	1984	1985	1986	1987	1988	1989
工　资	337	380	429	484	546	618	785	998	1 268	1 611
生活支出	84	99	117	138	163	195	228	264	331	553
工资剩余	253	281	312	346	383	423	557	734	937	1 058
年　份	1990	1991	1992	1993	1994	1995	1996	1997	1998	1999
工　资	2 050	2 468	2 971	3 577	4 306	5 184	5 799	6 347	6 895	7 083
生活支出	603	643	686	794	1 063	1 366	1 655	1 663	2 816	2 868
工资剩余	1 447	1 825	2 285	2 783	3 243	3 818	4 144	4 684	4 079	4 215
年　份	2000	2001	2002	2003	2004	2005	2006	2007	2008	2009
工　资	7 276	7 475	7 680	8 280	9 517	10 526	11 352	12 720	14 460	17 004
生活支出	3 037	3 172	3 487	3 754	4 130	4 524	4 918	5 652	6 571	6 992
工资剩余	4 239	4 303	4 193	4 526	5 387	6 002	6 434	7 068	7 889	10 012

资料来源:笔者处理数据。

（三）农村平均每户转移劳动力数量

在上面计算结果的基础上,我们可以用式(4.3)计算农村平均每户转移劳动力数量,见表 4-8;这里假设农村转移劳动力把剩余工资都寄回农村家中。2009 年农户家庭全家外出从业劳动力人数为每户 0.8 人(中华人民共和国农业部,2010),与表 4-8 中 2009 年农村平均每户转移劳动力数量 0.82 相差很小,这验证了我们估计的农村每户转移劳动力数量的合理性。

$$L_h = W_h / W_{fs} \tag{4.3}$$

L_h 表示农村平均每户转移劳动力数量。

表 4-8　农村平均每户转移劳动力数量　　　　　（单位:人/户）

年　份	1980	1981	1982	1983	1984	1985	1986	1987	1988	1989
数　量	0.14	0.16	0.19	0.23	0.28	0.32	0.29	0.26	0.27	0.28
年　份	1990	1991	1992	1993	1994	1995	1996	1997	1998	1999
数　量	0.19	0.22	0.26	0.32	0.37	0.42	0.48	0.48	0.61	0.64
年　份	2000	2001	2002	2003	2004	2005	2006	2007	2008	2009
数　量	0.70	0.74	0.83	0.83	0.76	0.80	0.87	0.91	0.94	0.82

资料来源:笔者处理数据。

二、 农村转移劳动力数量

经过以上的数据计算处理,在式(4.3)基础上,我们就可以用式(4.4)计算出全国每年农村转移劳动力总的数量,见表 4-9:

$$L_f = L_h H_a \tag{4.4}$$

L_f 和 H_a 分别表示全国农村转移劳动力数量和农村总户数。

表 4-9　每年农村转移劳动力数量　　　　（单位:万）

年　份	1980	1981	1982	1983	1984	1985	1986	1987	1988	1989
数　量	2 399	2 927	3 551	4 331	5 243	6 120	5 705	5 245	5 521	5 946

年　份	1990	1991	1992	1993	1994	1995	1996	1997	1998	1999
数　量	4 256	5 032	6 043	7 373	8 529	9 662	11 269	11 186	14 318	15 132

年　份	2000	2001	2002	2003	2004	2005	2006	2007	2008	2009
数　量	16 804	18 189	20 333	20 627	18 884	20 088	21 919	23 149	24 181	21 285

资料来源:笔者处理数据。

三、 结果讨论

《中国农村住户调查年鉴》零散提到了几年的农民工数量,从表 4-10 可以看出,我们的处理数据和年鉴数据有些差异,这可以解释为:(1)除了 2003 年之外,误差都在 10%之内,属于合理误差范围;(2)《中国农村住户调查年鉴》数据是平滑增长,这不符合经济理论和事实,因为宏观经济走势是有波动的,社会总产值年平均增长和同期劳动力转移数量年平均增长大约是 1:1 的关系(庚德昌,1989)。

表 4-10　农村转移劳动力数量比较　　　　（单位:万）

年　份	1992	2003	2004	2005	2008	2009
处理数据	6 043	20 627	18 884	20 088	24 181	21 285
年鉴数据	6 000	16 950	17 362	18 319	22 542	22 978
误　差	0.71%	17.83%	8.06%	8.81%	6.78%	7.95%

资料来源:笔者处理数据和《中国农村住户调查年鉴》。

从图 4-2 可看出,处理数据农村转移劳动力工资和国民生产总值

(GDP)走势基本是正相关的,但由于图 4-2 太大,不是很明显;农村转移劳动力数量和 GDP 走势是高度正相关的,但略有滞后性。1980 年代初,GDP 快速增长,农村转移劳动力数量也增长很快;1985—1990 年,由于通货膨胀高涨,政府强力控制经济,紧缩银根,引起 GDP 加速下滑,农村转移劳动力数量呈下降趋势;1992 年之后的高增长高通胀再次带来政府的强力紧缩,再加上 1997 年的亚洲金融危机致使 1990 年代末经济陷入通货紧缩,农村转移劳动力数量有所下降;2004 年 GDP 的相对低增长,导致农村转移劳动力数量有所降低;2009 年的农村转移劳动力数量下降与 2008 年世界金融危机的爆发引致中国经济急剧下跌有关。

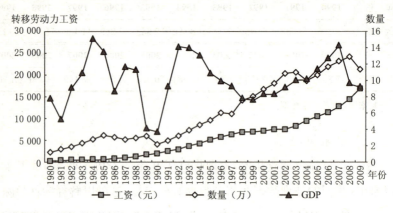

资料来源:笔者处理数据和《中国统计年鉴》。

图 4-2　转移劳动力工资、数量和 GDP 走势

第四节　本 章 小 结

目前,各种农村转移劳动力工资和数量的数据很多,但都存在差别大、不系统和不准确的问题。首先,通过对笔者调查数据和其他几组数据的对比和处理得到了农村转移劳动力工资数据;其次,应用农村转移劳动力工资数据处理得到了中国 1980—2009 年农村转移劳动力数量数据。结果虽然可能有一定程度的误差,但基本符合经济理论和事实。随着中国农村转移劳动力研究的深入,有关研究将会越来越多,本章做了一定的探索，期待未来更为准确的研究数据，建议中国国家统计局加强对农村转移劳动力工资和数量的统计工作，以利于科研工作者和实践工作者参考。

注　释

[1] 这种数据调查和处理方法不够准确，但是在目前没有全国性的关于农村转移劳动力工资统计数据的情况下，也只能采用这种方法。

[2] 9个省、自治区分别为辽宁、山东、江苏、广西、黑龙江、河南、湖南、湖北和贵州。

第五章
农村转移劳动力价格扭曲的
原因实证研究

　　我国政府为了集中力量快速发展工业和城市部门,以 1958 年 1 月颁布的《中华人民共和国户口登记条例》为标志,通过严格的户籍制度把农民限制于农村,严格控制农民流入城市。同时,附加于城市户籍制度上一系列福利和特权,降低了城市居民的生活成本,从而降低了工业劳动力要素的价格。改革开放以后,一方面沿海地区因为快速发展工业、服务业急需大量的廉价劳动力,政府对人口流动的严格管控逐步放松;另一方面由于农村存在大量的剩余劳动力,剩余劳动力的边际生产率几乎为零;同时,改革开放之初,中国农民几乎处于赤贫状态,急需改变生活状况。在此背景下,农村剩余劳动力开始转向城市和沿海地区,由此出现了"农民工"这个极具中国特色的称谓。但是,在农村转移劳动力迅速增加的同时,城市管理制度仍然沿袭传统的二元户籍制度和二元劳动力市场制度,拒绝给予农村转移劳动力户籍及附加在户籍上的社保、住房、教育等一系列福利,排斥农村转移劳动力融入城市生活。在排斥性制度和劳动力供过于求的约束下,农村转移劳动力不得不接受较低的工资、几乎无任何福利保障的劳动条件。因此,农村转移劳动力价格被扭曲了。

　　上一章对基础数据农村转移劳动力的工资和数量进行处理和估计,在此基础上,本章将要实证研究农村转移劳动力价格扭曲的原因。首先,运用发展模型对农村转移劳动力价格扭曲的微观因素进行分解;然后,实证估计农村转移劳动力价格扭曲的宏观因素。

第一节　基于发展模型的价格扭曲微观因素分解

一、模型选择

纵向数据(longitudinal data)是指对同一个对象进行多次重复调查所获得的数据,我们也可以把这类重复调查的数据看作是具有分级结构的多层数据,因为重复性的调查是嵌套于个体对象之中的,因此,每个个体均可被视为一组或一级单位,个体的某些特征便代表了组的特性。传统的计量统计方法比如 OLS 等,在对纵向数据进行分析时存在较为明显的局限性:(1)OLS 的假设如正态分布、观察对象相互独立、同方差性等,难以在纵向数据中全部得到满足;(2)OLS 模型的截距和斜率估计值为固定系数,因而不能分析代表数据信息发展趋势的个体特征和变异;(3)其他如单元重复测量 ANOVA 分析和多元重复测量 ANOVA 分析等方法,假设模型有一个独特的复合对称残差方差/协方差结构,并且假定不同时间点上的残差方差相同且协方差为常数,这样的假设在多数纵向数据中是不太可能成立的。与传统的统计分析方法相比较,多层线性模型更加灵活也更加适合用于分析纵向数据,而应用于纵向数据的多层模型则被称之为发展模型(Growth Model)(王济川等,2008)。可以把研究对象在不同时点的每次调查看作是水平 1 单位,研究对象本身则可以看作是水平 2 单位,劳动者的城乡户籍差别可以看作为水平 3 单位,这样就可以应用多层线性模型来分解农村转移劳动力价格扭曲的微观因素了。

我们在 Mincer(1974)工资函数的基础上,导入性别、户籍有关变量,建立工资决定方程,并在工资决定方程基础上构造一个发展模型(见表5-1)。这里把研究对象在不同时点的每次调查看作是水平 1 单位,研究对象本身则可以看作是水平 2 单位,劳动者的城乡户籍差别可以看作为水平 3 单位,这样就可以构建一个三层发展模型来分析城镇劳动力价

表 5-1 发展模型各变量简要说明

变量名	含义
ln Wage	工资对数
Time	时间序号
Sqtime	时间序号的平方
Gender	性别:男 = 1,女 = 0
Educ	教育水平
Age	年龄:代表劳动力市场经验
Sqage	年龄平方项:代表劳动力市场经验平方项
Hu	户籍:城市劳动力 = 1,农村转移劳动力 = 0
P0	水平1模型截距项
P1、P2	水平1模型变量待估系数
E	水平1模型随机误差项
B00、B10、B20	水平2模型截距项
B01—B24	水平2模型变量待估系数
R0	水平2模型随机误差项
G000—G240	水平3模型截距项
G001—G241	水平3模型变量待估系数
U00	水平3模型随机误差项

格和农村转移劳动力价格在 13 年间的演变趋势了。在构造模型和计量分析中运用了 HLM 软件。

Level-1 model:

$$\ln Wage = P0 + P1 * (Time) + P2 * (Sqtime) + E \qquad (5.1)$$

Level-2 model:

$$P0 = B00 + B01 * (Age) + B02 * (Educ)$$
$$+ B03 * (Sqage) + B04 * (Gender) + R0$$
$$P1 = B10 + B11 * (Age) + B12 * (Educ)$$
$$+ B13 * (Sqage) + B14 * (Gender) \qquad (5.2)$$
$$P2 = B20 + B21 * (Age) + B22 * (Educ)$$
$$+ B23 * (Sqage) + B24 * (Gender)$$

Level-3 model:

$$B00 = G000 + G001 * (Hu) + U00$$
$$B01 = G010$$

$$B02 = G020$$

$$B03 = G030$$

$$B04 = G040 + G041 * (Hu)$$

$$B10 = G100 + G101? * (Hu)$$

$$B11 = G110$$

$$B12 = G120$$

$$B13 = G130$$

$$B14 = G140$$

$$B20 = G200 + G201 * (Hu)$$

$$B21 = G210 + G211 * (Hu)$$

$$B22 = G220 + G221 * (Hu)$$

$$B23 = G230$$

$$B24 = G240 + G241 * (Hu) \tag{5.3}$$

二、　模型选择说明

在水平 1 模型中,因变量工资取对数,主要是大多数的微观调查数据中经常存在异方差性或偏态性问题。1997—2009 年 5 次调查数据全体样本中国微观工资对数均值的分布随调查时间的变化虽然总体趋势是上升的,但并不呈直线线性上升趋势,因此,在模型中选择了二次方成长模型。高次方多项式成长模型存在的一个重要问题是线性、平方项之间可能存在相关或者共线性问题,在本文中,将 1997—2009 年间的 5 次调查依次记为 1—5,则其均值为 3,中心化后时间变量的值为:$time = -2$、-1、0、1、2,$time$ 平方$=4$、1、0、1、4,经过对时间的中心化处理后,不仅可以使我们从不同角度解释模型截距,而且有效地避免了共线性问题。在水平 2 模型中,解释变量是不随时间而变化的研究对象个体间测量,在本书数据中包括性别、教育水平、劳动力市场经验和劳动力市场经验的平方四个个体特征值,劳动力市场经验用年龄来代替,为调查参与者在基线调查时的年龄。采用劳动力市场经验的平方项形式主要是为了捕捉劳动力市场经验对劳动者工资随着时间变动的变化率所产生的非线性影响。

水平3模型中,设置了一个特征变量:户籍(城市 = 1,农村 = 0),主要是用来考察和比较城镇劳动力和农村转移劳动力的工资水平随着时间变化的动态演进趋势(邵长鹏、杜建军,2014)。

三、 数据来源、处理与描述统计

数据来源于中国营养与健康调查(CHNS),从其纵向数据集中的约4万个数据中,选取了1997—2009年具有连续性和代表性的500个样本,数据包括了1997年、2000年、2004年、2006年和2009年共计5次调查记录,调查范围涵盖了中国9个省、自治区,调查数据无论其样本数量还是时间跨度都有相当代表性,可以较好地反映中国微观工资的动态变化趋势。

从表5-2中可以看出样本数据比较完整,只有个别数据缺失,在发展模型中可采用最大似然或限制性最大似然方法,利用全部可以利用的数据进行估计,而不需要剔除那些带有缺失观察值的调查数据信息,也不需要主观性地弥补缺失信息,并能够处理各种被调查者重复调查次数不相等的问题,从而保证大样本的统计性质,提高模型估计的稳健性。此外,全部被调查者中男女性别比例基本相当,调查样本城镇劳动力略多于农村转移劳动力样本。

表 5-2　数据的描述性统计

水平1模型	样本数	平均值	标准误	最小值	最大值
工资对数	2 500	6.74	0.69	4.38	8.99
时间序号	2 500	0.00	1.41	−2.00	2.00
时间序号平方	2 500	2.00	1.67	0.00	4.00
水平2模型					
年　　龄	499	41.16	9.47	18.00	62.00
教育水平	499	3.45	1.42	1.00	6.00
年龄平方项	499	2 896.92	19.39	324.00	3 844.00
性　　别	499	0.62	0.49	0.00	1.00
水平3模型					
户　　籍	499	0.63	0.48	0.00	1.00

四、 实证分析结果

Level-1 model:

$$\ln Wage = P0 + E \tag{5.4}$$

Level-2 model：

$$P0 = B00 + R0 \tag{5.5}$$

Level-3 model：

$$B00 = G000 + U00 \tag{5.6}$$

无条件模型的运行结果见表 5-3。在发展模型中，我们通常假设水平 1 中的误差（即 E）服从均值为零，方差为 σ^2 的正态分布，$P0$ 代表平均结果。在水平 2 模型中，$B00$ 代表所有劳动者工资的平均值，而 $R0$ 代表随机误差项，我们对其相应的假设是 $R0 \sim N(0, \tau_{00})$。相似地，在水平模型第三层中，$G000$ 代表劳动者的平均结果，$U00$ 是随机项，其相应的假设是 $U00 \sim N(0, \tau_{000})$。

表 5-3 无条件模型结果

固 定 效 应	回归系数	稳健标准误差	T 值	自由度	P 值
For INTRCPT1，P0					
For INTRCPT2，B00					
INTRCPT3，G000	6.741	0.014	465.251	498	0.000

随 机 效 应	标准离差	方差成分	自由度	卡方检验	P 值
INTRCPT1，R0	0.379	0.286			
Level-1，E	0.681	0.232	自由度太小而无法计算		
INTRCPT1/INTRCPT2，U00	0.675	0.459	498	529.443	0.016

将三层发展模型的方程结合起来，表示如下：

$$\ln Wage = G000 + U00 + R0 + E \tag{5.7}$$

结果方差则表示如下：

$$Var(\ln Wage) = \tau_{000} + \tau_{00} + \sigma^2 \tag{5.8}$$

方差成分 τ_{000} 是指整个样本中工资的平均数据的变异，而 τ_{00} 是水平 2 中的劳动力个体特征值的平均变异，σ^2 是水平 1 的误差方差，也就是模型无法解释的其他因素所引起的劳动力工资差异。这样就可以根据以上无条件模型运行结果来计算跨级相关系数（ICC），由第二层个体劳动力特征所导致的工资差异所解释的总体方差的比例计算可得出：

$$ICC_2 = \tau_{00}/(\tau_{000} + \tau_{00} + \sigma^2) = 0.286/(0.459 + 0.286 + 0.232) = 29.27\%$$
$$(5.9)$$

由第三层户籍差别所解释的总体方差的比例计算可得出：

$$ICC_3 = \tau_{00}/(\tau_{000} + \tau_{00} + \sigma^2) = 0.459/(0.286 + 0.459 + 0.232) = 46.98\%$$
$$(5.10)$$

随着经济发展和调查时间的推移，劳动力工资的总体变异中，有约29.27%是由其个体特征差异所引起的，而有约46.98%则是由户籍差别所导致的。这个转移劳动力价格扭曲微观因素分解的结论和王美艳（2005）以及谢嗣胜、姚先国（2006）的研究结论差别不大，佐证了本书研究的合理性。

第二节　价格扭曲的宏观因素实证研究

一、计量模型选择与设定

以 Hatton 和 Williamson（1992）依据托达罗劳动力转移模型推导出的工资扭曲模型为基础，修正得到农村转移劳动力价格扭曲因素计量模型，可表示为：

$$\ln(w_f/w_c) = \alpha_0 + \alpha \ln L + \beta \ln(w_c/P) + \theta \ln(w_a/P) + \mu \quad (5.11)$$

上式中 w_f/w_c 表示农村转移劳动力工资扭曲度；w_a 表示农民人均名义收入；w_c 表示城镇居民名义工资；P 表示物价水平；L 表示劳动力总量；μ 表示影响工资扭曲的其他因素；α_0、α、β、θ 分别表示常数项、劳动力总量的系数、城镇居民真实工资的系数、农民人均真实收入的系数。

二、数据来源、处理

（一）数据来源

数据来源于《中国统计年鉴》《中国农村统计年鉴》《中国人口统计年鉴》《中国农村住户调查年鉴》《中国人力资源和社会保障年鉴》《1986—1999 年、2000—2009 年全国农村社会经济典型调查数据汇编》和调查、处理数据,时间跨度为 1980—2011 年。

（二）数据调整和处理

农村转移劳动力工资,采用了经修正后的调查数据。

因为农村转移劳动力基本都在企业工作,为了更加有可比性,因此,用城镇企业劳动力工资代表城镇居民工资。

劳动力总量,采用全国经济活动人口数代替。

农村转移劳动力工资扭曲度,用农村转移劳动力工资比城镇企业工资计算得出。

（三）数据描述性统计

图 5-1 显示了各变量的变化趋势:

1980—2011 年,农村转移劳动力工资扭曲度变化幅度比较大,20 世纪 80 年代农村转移劳动力工资扭曲逐步减小;90 年代的很多时间里,农村转移劳动力工资甚至超过城镇劳动力工资水平,也就不存在农村转移劳动力工资扭曲;但是从 90 年代末开始,农村转移劳动力工资扭曲又开始变大,直到 2005 年以后,农村转移劳动力工资增长速度超过了城镇劳动力工资增长速度以后,农村转移劳动力工资扭曲才又开始减少。

1980—2011 年,中国劳动力总量一直处于增长状态,32 年期间增长了 1.88 倍,但是进入 21 世纪以后,增长速度趋缓,特别是 2005 年之后,增速非常慢。

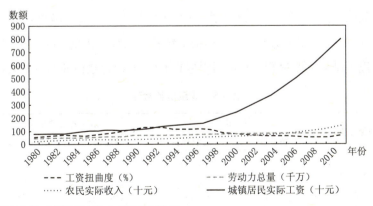

资料来源:中国统计年鉴和笔者处理数据。

图 5-1　各变量趋势图

1980—2011 年,农民实际收入增长较快,增长了 7.24 倍;但是城镇居民实际工资收入增长更快,增长了 10.49 倍。因此,城镇居民实际工资收入与农民实际收入差距越来越大,从 1980 年的 3.98:1 上升到了 2011 年的 5.77:1。

三、 估计结果及讨论

(一)平稳性检验和协整检验

回归参数估计之前,先进行平稳性检验,检验变量包括农村转移劳动力工资扭曲度、农民真实人均收入、城镇居民真实工资率、劳动力总量,均为 1980—2011 年的时间序列数据。PP 平稳性检验结果见表 5-4,结果显示这四个变量的一阶差分序列是平稳的,为一阶单整,即 $I(1)$。

表 5-4　变量 PP 平稳性检验

检 验 变 量	检验统量	5%临界值
工资扭曲度	−29.74	−12.60
(对数)一阶差分	−5.10	−2.99
劳动力总量	−28.21	−12.60
(对数)一阶差分	−4.88	−2.99
城镇居民真实工资	−13.85	−12.60
(对数)一阶差分	−3.14	−2.99
农民人均真实收入	−13.76	−12.60
(对数)一阶差分	−3.10	−2.99

对方程中的四个变量进行协整检验,检验结果见表 5-5,协整秩迹检验结果表明,存在一个线性无关的协整向量,而最大特征值检验也表明,无法拒绝"协整秩为 1"的原假设,因此,被解释变量和解释变量之间存在协整关系。以上结果表明尽管各变量因素是非平稳的,但存在稳健的协整关系。

表 5-5　变量协整检验

协整个数	秩迹检验		最大特征值检验	
	特征值	迹统计量	特征值	λmax 统量
0	0.00	54.74	0.00	29.85
1	0.64	24.89	0.64	20.95
2	0.51	3.94	0.51	3.93
3	0.13	0.01	0.13	0.01
4	0.00	0.00	0.00	0.00

（二）MLE 方法估计的 VECM 模型

对计量模型的估计,可以采用 EG-ADF 方法用 OLS 估计,但陈强
(2010)认为由于 EG-ADF 方法分两步,第一步的估计误差会被带到第二
步中,故不是最有效率的方法。比 EG-ADF 方法更有效率的方法是用
MLE 同时估计长期与短期参数。因此本文采用 MLE 对模型进行估计。

先用 MLE 方法估计方程的 VECM 模型,其协整方程见表 5-6;
VECM 模型的自相关检验的滞后一阶 P 值为0.370 6,滞后二阶 P 值为
0.748 1,可以认为不存在自相关;VECM 系统的平稳检验结果显示,除了
VECM 模型本身所假设的单位根之外,伴随矩阵的所有特征值均落在单
位元之内,故 VECM 系统是平稳的。依据表 5-6 中的结果,将方程
(5.11)改写如下:

$$\ln(w_f/w_c) = 0.29\ln L + 0.85\ln(w_c/P) - 1.52\ln(w_a/P) \quad (5.12)$$

表 5-6　MLE 方法估计的 VECM 模型

解 释 变 量	系数估计值	z 统计量	P 值
劳动力总量(对数)	−0.29	−2.67	0.008
城镇居民真实工资(对数)	−0.85	−3.27	0.001
农民人均真实收入(对数)	1.52	3.33	0.001
R^2		0.983	

从上式可以看出,真实的农民人均收入对工资扭曲度的影响为−1.52,
是工资扭曲的最大因素;真实的城镇工资率对工资扭曲度影响为 0.85,是
工资扭曲的次要因素;劳动力总量对工资扭曲度的影响为 0.29。这表明
长期很低的真实的农民人均收入和长期城乡真实收入的巨大差异使得农
村大量剩余劳动力大规模地涌入城市部门,直接导致了农村转移劳动力
价格的扭曲。这个结论和托达罗劳动力转移模型的结论基本一致,说明
托达罗劳动力转移模型对中国的劳动力转移具有较强的解释力。

第三节　本　章　小　结

本章运用发展模型对价格扭曲的微观因素进行分解,然后通过构建

计量模型对价格扭曲的宏观因素进行实证研究。研究结果表明：(1)劳动力工资的总体变异中，有约 29.27％是由其个体特征差异所引起的，而有约 46.98％则是由户籍差别所导致的，也就是说农村转移劳动力价格扭曲中约有 46.98％是由户籍差别造成的。(2)真实的农民人均收入是农村转移劳动力价格扭曲的最重要因素；高出农民人均收入几倍的真实城镇居民工资是农村转移劳动力价格扭曲的次要因素；劳动力总量是农村转移劳动力价格扭曲的一个重要因素。因此，长期城乡真实收入的巨大差异导致了农村转移劳动力价格扭曲。

第六章
农村转移劳动力价格动态
变化趋同实证研究

改革开放以来,经过多年的劳动力转移,从 1996 年开始农村剩余劳动力绝对数量逐步减少;同时,严格的计划生育政策导致的农村人口增速下降;劳动年龄人口的增长率从 20 世纪 80 年代也开始了下降过程,预计在 2017 年左右停止增长,这意味着劳动力无限供给的特征正在消失,刘易斯转折点已经初见端倪,以"民工荒"为特征的劳动力短缺现象已经从沿海地区蔓延到中部地区甚至劳动力输出省份(蔡昉,2007)。因此,农村转移劳动力工资步入了上涨的快车道,调查显示,仅2005—2009 年全国农民工工资就上涨了 65%,年均涨幅达 13%(国务院发展研究中心课题组,2010)。由于中国经济主要依赖廉价劳动力和廉价土地驱动的投资出口型增长,因此,有必要对农村转移劳动力价格的动态趋同情况进行研究,以未雨绸缪,积极应对农村转移劳动力价格的上升。

上一章实证研究了农村转移劳动力价格扭曲的情况,但是随着经济的持续发展和农村剩余劳动力数量的绝对减少,农村转移劳动力价格扭曲逐步减少,价格不断变化并有趋同于城镇劳动力价格的趋势。本章对价格动态变化及趋同进行了实证研究。首先,运用生产函数和效用函数构建了价格趋同经济行为模型;然后,应用状态空间计量模型对价格动态变化及趋同进行实证研究。

第一节　价格趋同的经济行为模型构建

一、 基本假设

本节构建一个简单的生产约束下效用最大化模型考察农村转移劳动力工资和城镇劳动力工资之间的关系。假设国民经济存在城市生产部门和农业部门两个部门,城市部门使用资本和劳动力两种要素,劳动力包括农村转移劳动力和城镇劳动力,生产各种工业品;农业部门使用资本和农业劳动力,生产各种农产品。存在三种类型消费者:农村转移劳动者、城镇劳动者和农业劳动者,他们作为理性消费者追求收入约束下消费者效用最大化。

二、 生产函数和行为主体效用函数

各部门生产函数:

$$Y_i = A_i K_i^{\alpha_i} L_i^{1-\alpha_i} \quad (i=1, 2) \tag{6.1}$$

其中 Y_1、A_1、K_1 和 L_1 分别表示城市部门生产的工业品、技术进步、投入要素资本和劳动(包括农村转移劳动力和城镇劳动力),α_1 和 $1-\alpha_1$ 分别表示资本和劳动的产出弹性;Y_2、A_2、K_2 和 L_2 分别表示农业部门生产的产品、技术进步、投入要素资本和劳动(农业劳动力),α_2 和 $1-\alpha_2$ 分别表示资本和劳动的产出弹性。

农村转移劳动者效用函数:

$$u_f = \max y_{1_1}^{\alpha_f} y_{2_1}^{1-\alpha_f}, \ st: p_1 y_{1_1} + p_2 y_{2_1} = w_f \tag{6.2}$$

u_f、y_{1_1}、y_{2_1}、p_1、p_2 和 w_f 分别表示农村转移劳动者消费的效用、工业品、农产品、工业品价格、农产品价格和农村转移劳动者的工资,α_f 和 $1-\alpha_f$ 分别表示消费份额。

城镇劳动者效用函数:

$$u_c = \max y_{1_2}^{\alpha_c} y_{2_2}^{1-\alpha_c}, \ st: p_1 y_{1_2} + p_2 y_{2_2} = w_c \tag{6.3}$$

u_c、y_{1_2}、y_{2_2} 和 w_c 分别表示城镇劳动者消费的效用、工业品、农产品和城镇劳动者的工资,α_c 和 $1-\alpha_c$ 分别表示消费份额。

农业劳动者效用函数：

$$u_a = \max y_{1_3}^{\alpha_a} y_{2_3}^{1-\alpha_a} , \ st: p_1 y_{1_3} + p_2 y_{2_3} = w_a \tag{6.4}$$

u_a、y_{1_3}、y_{2_3} 和 w_a 分别表示农业劳动者消费的效用、工业品、农产品和农业劳动者的收入，α_a 和 $1-\alpha_a$ 分别表示消费份额。

三、 市场均衡分析

求解城镇劳动者的消费效用最大化问题：

其拉格朗日函数为：

$$L = y_{1_2}^{\alpha_c} y_{2_2}^{1-\alpha_c} + \lambda(w_c - p_1 y_{1_2} - p_2 y_{2_2}) \tag{6.5}$$

求解城镇劳动者并同理求解农村转移劳动者和农业劳动者的消费效用最大化可以得到：

$$y_{1_2} = \frac{\alpha_c w_c}{p_1} 、 y_{1_1} = \frac{\alpha_f w_f}{p_1} \ 和 \ y_{1_3} = \frac{\alpha_a w_a}{p_1} \tag{6.6}$$

因为：

$$y_{1_1} + y_{1_2} + y_{1_3} = y_1 = A_1 k_1^{\alpha_1} \tag{6.7}$$

可以得到：

$$\alpha_f w_f + \alpha_c w_c + \alpha_a w_a = A_1 p_1 k_1^{\alpha_1} \tag{6.8}$$

同理可得：

$$(1-\alpha_f)w_f + (1-\alpha_c)w_c + (1-\alpha_a)w_a = A_2 p_2 k_2^{\alpha_2} \tag{6.9}$$

把式(5.8)表示为 w_a 的方程并代入式(5.9)化简得：

$$w_f = \left(\frac{\alpha_a - \alpha_c}{\alpha_f - \alpha_a}\right)w_c - \frac{\alpha_a A_2 p_2 K_2^{\alpha_2}}{\alpha_f - \alpha_a} * L_2^{-\alpha_2} + \frac{(1-\alpha_a)A_1 p_1 K_1^{\alpha_1}}{\alpha_f - \alpha_a} * L_1^{-\alpha_1}$$

$$\tag{6.10}$$

基于以上分析，可以得出农村转移劳动力工资主要受城镇劳动力工资、农业部门劳动力数量、城市部门劳动力数量的影响。

第二节 计量模型构建与数据处理

一、 状态空间计量模型构建

在上一节经济行为模型分析基础上，依据式(6.10)设定计量模型如下：

$$w_f = \alpha w_c + \beta * L_2^{-\alpha_2} + \theta * L_1^{-\alpha_1} + \varepsilon \qquad (6.11)$$

其中，w_f 和 w_c 分别表示农村转移劳动力工资、城镇劳动力（非农劳动力）工资，L_A 表示农业部门劳动力数量（农业劳动力），L_C 表示城市部门劳动力数量（包括农村转移劳动力和城镇劳动力），α_1 和 α_2 分别表示城市部门和农业部门的资本产出弹性，α、β、θ 分别表示城镇劳动力工资、农业部门劳动力数量、城市部门劳动力数量的系数，ε 表示误差项。

因为固定参数估计方法无法准确反映经济因素的动态变化情况，因而估计结果可能存在一定的偏差，农村转移劳动力工资和城镇劳动力工资之间的关系也不完全是线性的，为了更准确地观察农村转移劳动力工资 w_f 和城镇劳动力工资 w_c 之间的关系及变化趋势，本章采用变参数模型的典型方法状态空间计量模型和卡尔曼滤波法对式(6.11)中的系数进行估计，从而考察 32 年中农村转移劳动力工资和城镇劳动力工资之间的变化趋势。状态空间模型一般应用于多变量时间序列，一般包括两个模型：信号方程（或量测方程）和状态方程（或转移方程）。以式(6.11)为基础构建信号方程（或量测方程）式(6.12)和状态方程（或转移方程）式(6.13)。

$$w_{ft} = \alpha_t w_{ct} + \beta_t * L_{2t}^{-\alpha_2} + \theta_t * L_{1t}^{-\alpha_1} + \varepsilon_t \qquad (6.12)$$

$$\alpha_t = \lambda_1 \alpha_{t-1} + \varphi_{1t} ; \ \beta_t = \lambda_2 \beta_{t-1} + \varphi_{2t} ; \ \theta_t = \lambda_3 \theta_{t-1} + \varphi_{3t} \qquad (6.13)$$

其中，t 表示年份，可变参数 α_t、β_t 和 θ_t 是不可观测变量，可以表示为一阶马尔可夫过程，所以采用递归形式对状态方程进行定义。ε_t、φ_{1t}、φ_{2t} 和 φ_{3t} 是独立同分布的随机扰动项。

二、 数据来源、处理与描述性统计

（一）数据来源

数据来源于《中国统计年鉴》《中国农村统计年鉴》《中国人口统计年鉴》《中国农村住户调查年鉴》《中国人力资源和社会保障年鉴》《1986—1999 年、2000—2009 年全国农村社会经济典型调查数据汇编》和调查处理数据，时间跨度从 1980 年到 2011 年。

（二）数据调整和处理

农村转移劳动力工资，采用了经修正后的调查数据。

关于农村转移劳动力数量的处理,采用本书处理数据。

城镇劳动力工资,因为农村转移劳动力基本都在企业工作,为了更加有可比性,因此,用城镇企业劳动力工资代表城镇劳动力工资。

农业部门劳动力数量,用第一产业从业人数代替。

城市部门劳动力数量,用城镇从业人数代替。

城市部门的资本产出弹性,傅晓霞和吴利学(2006)用参数估计法估计了超越对数生产函数中的资本产出弹性,得到了 1978—2004 年全国各个地区资本的边际贡献份额,因为京、津、沪是三大直辖市,广、苏、浙是中国城市群集中地,而且这 6 个地区也是中国农村转移劳动力流入集中地,因此,我们选择其中的北京、天津、上海、广东、江苏和浙江来代表城市部门的资本产出弹性,然后把这 6 个地区的资本产出弹性加权平均得到城市部门的资本产出弹性为 0.73。

农业部门的资本产出弹性,赵建欣和张忠根(2007)利用 2004 年的农业总量生产函数计量得出了 1985 年和 2004 年的农业资本产出弹性分别为 0.893 9 和 0.814 6;因为从 1980—2011 年,农业资本的产出弹性是下降的,在没有更准确数据的情况下,用 2004 年的农业资本的产出弹性0.814 6代替 1980—2011 年农业资本的产出弹性。

(三)数据描述性分析

从图 6-1 可以看出各变量数据的走势如下:

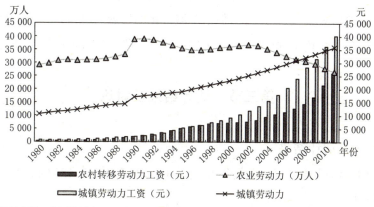

资料来源:《中国统计年鉴》《中国人口和就业统计年鉴》并整理。

图 6-1　劳动力数量与工资走势的描述统计

农村转移劳动力工资和城镇企业劳动力工资差距在 20 世纪 80 年代比较大，农村转移劳动力工资均值仅是城镇劳动力工资均值的 69.16%；但从 1989 年开始，差距急速缩小，在 90 年代的大多数年份，农村转移劳动力工资甚至超过了城镇企业劳动力工资，1990—1997 年农村转移劳动力工资均值是城镇企业劳动力工资的 100.43%；然而，自 1998 年开始，工资差距又逐步地扩大，在 1998—2003 年，农村转移劳动力工资均值仅仅是城镇劳动力工资的 73.66%，从 2004 年开始，农村转移劳动力工资又加速上升，特别是自 2007 年起，其增速超过了城镇劳动力工资增速，农村转移劳动力工资又开始逐步趋同于城镇劳动力工资。

农业部门劳动力数量在 20 世纪 80 年代缓慢增长，主要原因是 20 世纪 80 年代农村人口继续增长，而城市部门由于改革进展反复且缓慢，不能提供更多的工作职位容纳农村转移劳动力所致；农业部门劳动力数量在 1991 年达到最高点 39 098 万后快速下降，一个可能的解释是由于 1992 年市场经济制度的确立引起了经济的快速增长，从而吸引大规模的农村劳动力向城市转移；农业部门劳动力数量在经过 1997—2002 年的短暂略有增长后，从 2003 年开始急剧地减少，在 2011 年农业部门劳动力数量只有 26 594 万。

城市部门劳动力数量一直在稳步增加，从 1980 年的 10 525 万增长到 2011 年的 35 914 万，年均增速为 4.04%。其主要的原因是尽管中国人口自然增长率在持续下降，但由于城市化的发展、农村转移劳动力数量的增加和大学招生规模的扩大，为城市部门提供了源源不断的劳动力。

第三节　估计结果及讨论

一、估计结果

用卡尔曼滤波法，我们得出的式（6.12）和式（6.13）的估计结果如下：[1]

$$w_{ft} = 0.686\,2w_{ct} - 0.047\,0L_{2t}^{-a_2} + 0.178\,3L_{1t}^{-a_1} \qquad (6.14)$$

$$\alpha_t = 0.987\ 1\alpha_{t-1}; \quad \beta_t = 0.998\ 5\beta_{t-1}; \quad \theta_t = 0.999\ 1\theta_{t-1} \qquad (6.15)$$

参数估计结果显示,各参数的 Z 统计量都处于 1% 的显著水平,P 值都小于 0.05,模型拟合优度为 0.901 7,DW 检验值是 1.78,这显示了模型设定的合理性。状态空间模型信号方程(或量测方程)的平稳性检验显示,考虑趋势项和飘移项时,伴随概率是 0.008 8,ADF 统计量是 9.165 2;不考虑趋势项和飘移项时,伴随概率是 0.093 1,ADF 统计量是 5.026 1。因此,状态空间模型的残差是平稳的,不存在伪回归问题。

二、 估计结果讨论

从图 6-2 可以看出在大部分年份中估计结果与先验性检验结果相符合且系数都很显著。1980—2011 年,在绝大多数年份中,城镇劳动力数量与农村转移劳动力工资是正向关系,这表明城镇劳动力需求数量的增加导致了农村转移劳动力工资的上升;1980—2011 年,在绝大多数年份中,农业劳动力数量与农村转移劳动力工资是反向关系,这显示农业劳动力数量的增加引起了农村转移劳动力工资的下降;1980—2011 年之间,只有 1983 年、1988—1994 年少数年份,城镇劳动力数量与农村转移劳动力工资是反向关系,农业劳动力数量与农村转移劳动力工资是正向关系,这可能与 1988—1994 年间的高通货膨胀引起的经济数据失真有关,1983 年为何出现这种现象暂不清楚。

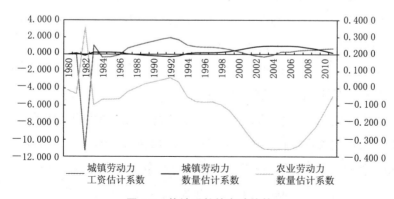

图 6-2　估计系数的变动趋势

在控制农业部门劳动力数量和城市部门劳动力数量这两个变量后,

城镇劳动力工资的估计系数在 1980—1987 年之间都小于 1 且大多数年份都是负的，显示农村转移劳动力工资与城镇劳动力工资的差距较大；1988—1994 年，估计系数都大于 1，这表明农村转移劳动力工资已经超过了城镇劳动力工资；1995—2003 年，估计系数都小于 1 且呈缩小趋势，显示农村转移劳动力工资与城镇劳动力工资的差距在逐渐扩大，但是一直到 1997 年工资差距都不大，从 1998 年开始工资差距才迅速变大；2004—2011 年，估计系数又反转为逐步变大，这表明农村转移劳动力工资与城镇劳动力工资的差距又开始逐步缩小，说明农村转移劳动力工资有逐步动态趋同于城镇劳动力工资、城镇劳动者工资的趋势，虽然趋同的速度总体上看不是很快，但有加快趋势。以估计系数的变化趋势为主结合中国经济政策的调整及重大宏观经济事件的发生，以下分 1980—1987 年（改革开放前潜在农村大量剩余劳动力的滞后影响）、1988—1997 年（20 世纪 80 年代中开始的城市经济体制改革滞后效应影响）、1998—2003 年（1997 年亚洲金融危机的发生）和 2004—2011 年（2001 年中国加入 WTO 的滞后影响）四个时间段分别讨论分析农村转移劳动力工资与城镇劳动力工资差距的变化情况。

第一，1980—1987 年，这个阶段农村转移劳动力工资与城镇劳动力工资的差距很大。主要是因为：一方面，以 1958 年颁布的《中华人民共和国户口登记条例》为标志，政府明确将城乡居民区分为农业户口和非农业户口两种不同户籍，通过严格的户籍制度把农民限制于农村，控制农民流入城市，同时，农村人口增长很快，从 1958 年的 55 273 万增长到了 1980 年的 79 565 万，直到 1980 年时，近 8 亿农民几乎都被束缚于农村，农业劳动生产率低下，农村伪装失业现象严重，存在大量潜在剩余劳动力。因此，当 20 世纪 80 年代初政府发出《关于农民进入城镇落户问题的通知》，规定公安部门应准予符合条件的农民和家属在城市落常住户口，对人口流动管制放松以后，长期被压制在农村的剩余劳动力开始大规模地流向城市；另一方面，由于刚刚开始改革开放，城市及工业经济仍然非常落后，对农村转移劳动力的需求有限，在供过于求的约束下，城市部门只需提供略高于生存所需的不变制度工资，就能吸引大量农村转移劳动力，这个阶段处于劳动力转移的第一阶段即无限劳动供给阶段,资本稀缺但劳动力丰富,农村剩余劳动力存在无限供给趋势。

第二,1988—1997 年,这个阶段中,1994 年之前农村转移劳动力工资超过了城镇劳动力工资,从 1995 年开始,尽管农村转移劳动力工资低于城镇劳动力工资,但是直到 1997 年两者差距都不大。原因可能在于,20世纪 80 年代中,国务院颁布了《关于进一步扩大国营工业企业自主权的暂行规定》,在生产经营计划和产品销售等十个方面,进一步扩大了企业的自主权,开始推行城市经济体制改革;1992 年中共十四大确立了社会主义市场经济体制,这两次重大的经济体制改革释放出巨大的制度红利,使中国经济在制度红利的刺激下,快速增长,导致除了 1989 年和 1990 年因治理、整顿 GDP 增长较低之外,其他年份 GDP 都高速增长,1987 年和1988 年 GDP 年均增速达到 11.5%,1991—1996 年期间年均 GDP 增速达到 11.9%,因此,对农村转移劳动力的需求急剧增长,农村转移劳动力工资也大幅上升;另外,可能与城镇劳动力工资改革滞后,工资增长缓慢也有关系。

第三,1998—2003 年,此阶段农村转移劳动力工资和城镇劳动力工资差距迅速扩大。这可能是由于 1997 年亚洲金融危机爆发,中国经济遭受打击,特别是农村转移劳动力密集的出口加工业受到亚洲金融危机的重创。1997—2001 年中国出口年平均增长率仅为 8.66%,1998—2003年期间年均 GDP 增速下降到了 8.53%,中国经济经历了 5 年的通货紧缩,造成对农村转移劳动力需求减少,农村转移劳动力工资增长非常缓慢,增速仅为 3.73%。然而,同时期城镇劳动力工资增速却达 12.89%,因此,致使农村转移劳动力工资和城镇劳动力工资差距又开始迅速拉大。

第四,2004—2011 年,此阶段我们的直接感受是农村转移劳动力工资上升很快,但计量结果却显示,尽管农村转移劳动力工资与城镇劳动力工资的差距开始缩小,但缩小幅度仍不是很大。这是因为:(1)2001 年加入 WTO 后,中国出口连续多年增速保持在 30% 左右,以出口为主的劳动力密集型产业迅速成长壮大,中国成为名副其实的世界工厂,中国经济从 2002 开始进入了新一轮增长周期,从而导致劳动力需求迅速增长,各地出现了"民工荒"；同时，经过多年的持续稳步转移，农村剩余劳动力特别是青壮年农村剩余劳动力越来越少；此外，政府对农业加大补贴和农业生产率的提高，导致农村转移劳动力外出务工机会成本提高。这些因素都可能导致了农村转移劳动力工资率开始迅速增长。（2）尽管农村转移劳动力工资率增长很快，但是城镇劳动力的年均工资增长率也很快。只有在2006—2011年期间，农村转移劳动力年均工资增长率达到18.09%，才较多地超过了城镇劳动力的年均工资增长率14.94%，农村转移劳动力工资才开始加速趋同于城镇劳动力工资。总体来看，这8年期间，农村转移劳动力工资趋同于城镇劳动力工资的速度是前慢后快，虽然总体上并不是很快，但有加快趋势。

第四节　本　章　小　结

本章对农村转移劳动力价格趋同进行了实证分析，对1980—2011年期间农村转移劳动力价格趋同情况进行了系统研究，并对不同时期的劳动力价格趋同情况分别进行了分析。研究结果表明：（1）1980—1987年之间，农村转移劳动力工资与城镇劳动力工资的差距较大；（2）1988—1994年，农村转移劳动力工资超过了城镇劳动力工资；（3）1995—2003年，农村转移劳动力工资与城镇劳动力工资的差距又开始逐渐扩大，但是一直到1997年工资差距都不大，从1998年以后工资差距才迅速变大；（4）2004—2011年，工资差距又开始逐步缩小，说明农村转移劳动力工资有逐步趋同于城镇劳动力工资的趋势，虽然趋同的速度总体上看不是很快，但有加快趋势。

注　释

［1］限于篇幅，只报告了信号方程的最后一期估计结果。

第七章
农村转移劳动力价格扭曲与
城市发展实证研究

　　1980—2011 年期间,农村转向城市和发达地区的劳动力数量从 1980 年的约 2 400 万增长到 2011 年的约 2.5 亿。但是,在农村转移劳动力迅速增加的同时,城市传统的二元户籍和二元劳动力市场管理制度并没有多大改变,在绝大多数城市,农村转移劳动力仍然无法获得户籍及附加在户籍上的一系列福利及社会保障。农村转移劳动力价格在排斥性制度和劳动力供过于求的约束下被扭曲了,大量的农业剩余通过被扭曲的劳动力价格转移到了城市部门。2.5 亿农村转移劳动力为中国的工业化和城市化做出巨大的贡献,但其自身却付出巨大的代价。因此,为了弥补农村转移劳动力所做的贡献,今天有必要对农村转移劳动力价格扭曲及其贡献情况进行全面考察,为缩小农村转移劳动力价格扭曲和促进城乡协调发展提供参考依据。

　　前两章实证研究了农村转移劳动力价格扭曲、价格动态变化以及价格趋同情况。本章将实证研究农村转移劳动力价格扭曲对中国城市经济增长的贡献:首先,将介绍本章所运用的数据的来源,并对有关数据进行处理和描述性分析;其次,将对价格扭曲对城市经济增长的贡献进行数量统计分析;最后,构建价格扭曲对城市经济增长贡献的经济行为模型,并进行实证研究。

第一节　数据来源、处理与描述性分析

一、数据来源

数据来源于《中国统计年鉴》《中国农村统计年鉴》《中国人口统计年鉴》《中国农村住户调查年鉴》《中国人力资源和社会保障年鉴》《1986—1999 年、2000—2009 年全国农村社会经济典型调查数据汇编》和调查处理数据，时间跨度从 1980 年到 2011 年。

二、数据调整和处理

因为农村转移劳动力基本都在企业工作，为了更加有可比性，因此，用城镇企业劳动力工资代表城镇居民工资。

对于农村转移劳动力工作时间长于城镇劳动力的部分，依据 1 200 份抽样调查问卷分析得出农村转移劳动力平均每周工作时间约为 55 小时，比 1980—2011 年城镇劳动力的平均工作时间 42 小时多 13 个小时，采用公式：城镇居民人均工资/52 周×1/42 小时×13 小时×52 周，进行统计计算。

对于农村转移劳动力因缺少福利保障而少得的收入，据 1 200 份抽样调查问卷和现实综合分析，截至 2011 年，农村转移劳动力还基本没有福利保障，因此用城镇劳动力的福利保障代替农村转移劳动力未享有的福利保障，用历年保险福利总额除以享受保险福利的人数得出城镇劳动力的福利保障水平。

对于城市部门国民收入 Y_1，用国民收入中的第二、第三产业产值除去乡镇企业产值来近似代替；对于城市部门国民收入 Y_2，用城市部门国民收入减去农村转移劳动力对城市部门所做贡献 CT_f 近似代替。

三、数据的描述性分析

根据表 7-1 变量数据趋势表，对有关数据进行初步的描述分析。

农村转移劳动力数量平均值是 12 336，最大值是 25 278，最小值是 2 399。农村转移劳动力数量和国民生产总值（GDP）走势基本是正相关的，但略有滞后性；1980 年代初，GDP 快速增长，农村转移劳动力数量也

增长很快;1985—1990 年,由于通货膨胀高,政府强力控制经济,紧缩银根,引起 GDP 加速下滑,农村转移劳动力数量呈下降趋势;1992 年之后,农村转移劳动力数量再次高速增长;1997 年的亚洲金融危机致使 90 年代末经济陷入紧缩,农村转移劳动力数量在 1997 年有所下降,但很快又步入快速增长轨道;2001 年以后增长速度放缓;2004 年 GDP 的相对低增长,导致农村转移劳动力数量有所降低;2009 年的农村转移劳动力数量下降与 2008 年金融危机的爆发引致中国经济急剧下跌有关。

表 7-1　变量统计描述

变　　量	样本量	平均值	标准差	最小值	最大值
城市部门国民收入 1(万亿)	32	79 088	91 763	2 793	317 388
城市部门国民收入 2(万亿)	32	67 758	76 910	2 130	253 078
转移劳动力数量(万)	32	12 336	7 716	2 399	25 278
城镇工资(元)	32	9 761	11 330	663	40 238
农村转移劳动力工资(元)	32	6 409	6 206	337	26 070
城市部门利润 1(万亿)	32	39 042	39 783	1.910	129 290
城市部门利润 2(万亿)	32	18 890	14 272	1 560	50 151

城镇工资平均值是 9 716,最大值是 40 238,最小值是 663;农村转移劳动力工资平均值是 6 409,最大值是 26 070,最小值是 337。农村转移劳动力工资和城镇企业劳动力工资差距在 20 世纪 80 年代比较大,农村转移劳动力工资均值仅是城镇企业劳动力工资均值的 69.16%;但从 1989 年开始,差距急速缩小,在 90 年代的大多数年份,农村转移劳动力工资甚至超过了城镇企业劳动力工资,在整个 90 年代农村转移劳动力工资均值是城镇企业劳动力工资的 112.46%;然而,自 1999 年开始,工资差距又逐步扩大,直到 2006 年以后,工资差距才有所缩小。

城市部门利润 1 平均值是 39 042,最大值是 129 290,最小值是 1 910;城市部门利润 2 平均值是 18 890,最大值是 50 151,最小值是 1 560。20 世纪 80 年代,两种情况下的城市部门利润差距也逐渐扩大,城市部门利润 2 均值是城市部门利润 1 均值的 77.69%;1990 年利润差距幅度有所缩小,但随之又扩大,90 年代城市部门利润 2 均值是城市部门利润 1 均值的 89.91%,这可能是因为农村转移劳动力数量的急速增长造成的；2000 年以来利润差距加速扩大，城市部门利润 2 均值是城市部门利润 1 均值的 36.6%。

城市部门国民收入 1 平均值是 79 088，最大值是 317 388，最小值是 2 793；城市部门国民收入 2 平均值是 67 758，最大值是 253 078，最小值是 2 130。受劳动力工资差距的影响，1980—1987 年，城市部门国民收入 2 均值是城市部门国民收入 1 均值的 87.18%；1988—1997 年，由于劳动力工资差距变小，城市部门国民收入 2 均值是城市部门国民收入 1 均值的 92.63%；1998—2011 年，城市部门国民收入 2 均值是城市部门国民收入 1 均值的 83.97%。

第二节　价格扭曲对城市经济增长贡献的统计研究

一、统计模型构建

参照杜建军、汪伟和丁晓钦（2015）的研究，本章将农村转移劳动力价格扭曲分三部分进行统计。第一部分是工资低于城镇居民（指城镇户籍居民，下同）的部分，在第四章对农村转移劳动力价格扭曲的微观因素研究中，已经计量分解得出，农村转移劳动力和城镇劳动力的平均工资的差异中，29.27%的工资差异是由个人特征不同形成的，46.98%的工资差异要归结于户籍差异引起的歧视性因素，剩余的差异由其他因素导致；依据第五章的研究结论，本章对于农村转移劳动力和城镇劳动力的工资差异，采用 29.27%由人力资本禀赋等个人特征不同形成，这部分工资差异和由其他因素导致的工资差异不是因歧视因素形成，故在统计时排除在外；采用 46.98%的工资差异由歧视性因素形成。第二部分是农村转移劳动力工作时间长于城镇居民的部分，此部分也采用 46.98%的工资差异由歧视性因素形成。第三部分是农村转移劳动力因缺少福利保障而少得的收入。根据上述假设，农村转移劳动力价格扭曲统计模型可表示为：

$$CT_f = \sum_{i=1}^{n=30} \left[L_{fi} \left(\alpha \left((w_{ci} - w_{fi}) + w_{fti} \right) + w_{fmi} \right) \right] \qquad (7.1)$$

其中，CT_f 表示农村转移劳动力价格扭曲；L_{fi} 表示 i 年的农村转移劳动力数量；w_{ci}表示i年城镇居民工资，w_{fi}表示i年农村转移劳动力工资；w_{fti}表示i年农村转移劳动力人均因工作时间长未得工资；w_{fmi}表示i年农村转移劳动力人均应得而未获福利保障；$\alpha = 46.98\%$。

二、统计结果及讨论

运用式(7.1)通过统计计算，我们得出以下结论(每年具体数据见表 7-2)：

表 7-2　农村转移劳动力每年人均贡献和加总贡献

(单位分别是元、亿元)

年　份	人　均	总　计	年　份	人　均	总　计	年　份	人　均	总　计
1980	1 132	272	1991	2 051	1 032	2002	7 984	16 234
1981	1 072	314	1992	1 745	1 054	2003	9 440	19 472
1982	1 095	389	1993	2 225	1 640	2004	10 716	20 236
1983	1 124	487	1994	2 701	2 304	2005	12 416	24 941
1984	1 255	658	1995	2 857	2 761	2006	14 713	32 251
1985	1 449	887	1996	3 002	3 383	2007	17 488	40 482
1986	1 569	895	1997	3 099	3 466	2008	20 782	50 254
1987	1 674	878	1998	3 676	5 262	2009	22 563	48 026
1988	1 923	1 062	1999	4 645	7 028	2010	25 614	62 045
1989	1 928	1 146	2000	5 160	8 671	2011	25 441	64 310
1990	2 023	861	2001	6 305	11 467			

结论一：如果一个农村转移劳动力从 1980 年进入城市工作到 2011 年止，除去个人能力因素外，因价格扭曲造成的收入损失约为 22.09 万元。

结论二：1980—2011 年进入城市工作的所有农村转移劳动力，除去个人能力因素外，因价格扭曲造成的收入损失共计约为 43.42 万亿元。

从表 7-2 可以看出，农村转移劳动力价格扭曲对城市部门的贡献可以分为以下几个阶段：(1)快速增长阶段(1980—1989 年)。由于 20 世纪 80 年代中国经济增长较快，劳动力需求较多，农村转移劳动力数量快速增长，从 1980 年的 2 399 万增长到 1989 年的 5 946 万，因此，农村转移劳动力因价格扭曲对城市部门的贡献也快速增加，从 1980 年的 272 亿增长到 1989 年的 1 146 亿。(2)停滞阶段(1990—1992 年)。在这三年期间，贡献增长非常缓慢，主要是因为 1989 年开始的治理整顿经济秩序，造成 GDP 急剧下降，从而也导致了农村转移劳动力数量的减少。(3)急剧增长阶段(1992—2000年)。1992年以后的整个90年代,农村转移劳动力因价格扭曲对城市部门的贡献急速增加,主要原因在于1992年中共十四大确立了市场经济制度,刺激了中国经济持续快速增长,同时,由于农业比较收益低下,城乡预期收入差距大,农村剩余劳动力开始大规模地向外转移,农村转移劳动力数量从1992年的6 043万急剧增长到了1999年的15 132万。(4)持续稳步增长阶段(2001—2008年)。从2001年开始,中国加入WTO后,出口连续多年增速保持在30%左右。中国进入新一轮经济增长周期,从而导致劳动力需求迅速增长,农村转移劳动力数量和城市部门劳动力工资均保持了一个较快的增速,所以,农村转移劳动力因价格扭曲对城市部门的贡献增速也较快。(5)减少时期(2009年)。2009年贡献减少,一个可能的解释是2008年世界金融危机,导致中国出口急剧萎缩,农村转移劳动力数量从2008年的24 181万减少到了2009年的21 285万所致。(6)2009年之后,贡献又开始增加。

　　研究结论二与孔祥智和何安华(2009)的研究结论有很大差距主要有几个原因:(1)农村转移劳动力数量相差很大,如本书2007年农村转移劳动力数量的研究结果是23 149万,两者相差10 149万;(2)孔祥智和何安华的研究结论没有包含农村转移劳动力因工作时间长而损失的收入;(3)孔祥智和何安华的研究结论采用农民工的劳动生产率与城市非农产业工人的劳动生产率之比是1∶1.45,而本书对于农村转移劳动力和城镇劳动力的工资差异,采用46.98%由歧视性因素而形成的扭曲。综合来看,本书的研究结论更为接近现实。

第三节　价格扭曲对城市经济增长贡献的模型构建

一、生产函数

设定生产函数为:

$$Y = F(K, L, t) \tag{7.2}$$

将式(7.2)对 t 求导得:

$$\frac{\mathrm{d}Y}{\mathrm{d}t} = \frac{\partial F}{\partial K} \cdot \frac{\mathrm{d}K}{\mathrm{d}t} + \frac{\partial F}{\partial L} \cdot \frac{\mathrm{d}L}{\mathrm{d}t} + \frac{\partial F}{\partial t} \cdot \frac{\mathrm{d}t}{\mathrm{d}t} \tag{7.3}$$

将上式两边除以 Y 得：

$$\frac{\mathrm{d}Y}{\mathrm{d}t}\Big/Y = \left(\frac{\partial F}{\partial K} \cdot \frac{K}{Y}\right)\frac{\mathrm{d}K}{\mathrm{d}t}\Big/K + \left(\frac{\partial F}{\partial L} \cdot \frac{L}{Y}\right)\frac{\mathrm{d}L}{\mathrm{d}t}\Big/L + \frac{\partial F}{\partial t}\Big/Y \tag{7.4}$$

从上式可得到：

$$y = \phi_k y_k + \phi_l y_l + \phi_t y_t \tag{7.5}$$

将上式两边同时乘以 L 可以变为：

$$Y = \phi_k Y + \phi_l Y + \phi_t Y \tag{7.6}$$

我们假设式(7.6)中 $\phi_k + \phi_l = 1$，规模报酬不变，即产出不随时间而变化。

因为工资总额等于劳动力的贡献份额（产出弹性）乘以总产出：$W = \phi_l Y$，利润总额等于资本的贡献份额（产出弹性）乘以总产出：$\pi = \phi_k Y$。

因此，可得出：

$$Y = W + \pi \tag{7.7}$$

以上式中，Y、K、L、t、ϕ_k、ϕ_l 和 ϕ_t 分别表示国民收入、资本、劳动、时间、资本产出弹性、劳动产出弹性和时间产出弹性；y、y_k、y_l 和 y_t 分别表示国民收入增长率、资本、劳动、时间的要素增长率；W、π 分别表示工资总额和利润总额；式(7.7)表明国民收入等于工资总额加利润总额。[1]

二、　模型框架

依据式(7.7)我们假定：$Y = W + \pi$，利润全部转化为资本，不存在技术进步和规模报酬不变；Y 表示城市部门国民收入，W 表示城市部门工资总额，π 表示城市部门利润总额；城市部门劳动力分为城镇劳动力（城镇户籍居民）和农村转移劳动力，生产函数表示为柯布—道格拉斯函数形式：

$$Y = F(K, L_f, L_c) = K^{\alpha} L_f^{\beta} L_c^{\theta} \tag{7.8}$$

　　通过工资总额等于工资率乘以劳动者数量可推导出城市部门工资总额：

$$W = W_c + W_f = w_c L_c + w_f L_f \tag{7.9}$$

其中，W_c 表示城镇居民工资总额；w_c 城镇居民工资；L_c 表示城镇原有劳动力数量；W_f 表示村转移劳动力工资总额；w_f 表示农村转移劳动力工资；L_f 表示农村转移劳动力数量。

　　当 $w_c > w_f$ 时，城市部门的利润和生产函数分别为：

$$\pi_1 = Y_1 - W = Y_1 - w_c L_c - w_f L_f = K_1 \tag{7.10}$$

$$\begin{aligned} Y_1 = F(K_1, L_f, L_c) &= K_1^\alpha L_f^\beta L_c^\theta \\ &= (Y_1 - w_c L_c - w_f L_f)^\alpha (W_f/w_f)^\beta (W_c/w_c)^\theta \end{aligned} \tag{7.11}$$

其中，π_1、K_1、Y_1 分别表示当 $w_c > w_f$ 时城市部门的利润、资本、国民收入，α、β、θ 分别表示当 $w_c > w_f$ 时城市部门资本、农村转移劳动力、城镇原有劳动力的产出弹性。

　　当 $w_c = w_f$ 时，城市部门的利润和生产数分别为：

$$\pi_2 = Y_2 - W = Y_2 - w_c L_c - w_f L_f = Y_2 - w_c L_c - w_c L_f = K_2 \tag{7.12}$$

$$\begin{aligned} Y_2 = F(K_2, L_f, L_c) &= K_2^\alpha L_f^\beta L_c^\theta \\ &= (Y_2 - w_c L_c - w_c L_f)^\alpha (W_f/w_c)^\beta (W_c/w_c)^\theta \end{aligned} \tag{7.13}$$

　　上式中 π_2、K_2、Y_2 分别表示当 $w_c = w_f$ 时城市部门的利润、资本、国民收入。

　　可得到城市部门国民收入变化度 Y_2/Y_1 的表达式如下：

$$Y_2/Y_1 = [(Y_2 - w_c L_c - w_c L_f)/(Y_1 - w_c L_c - w_f L_f)]^\alpha (w_f/w_c)^\beta \tag{7.14}$$

　　上式说明城市部门国民收入变化度主要受城市部门的利润变化度和工资扭曲度影响。

第四节　价格扭曲对城市经济增长贡献的计量研究

一、计量模型设定

依据式(7.14),设定城市部门国民收入变化度的计量模型如下:

$$\ln(Y_2/Y_1) = \alpha_0 + \alpha\ln[(Y_2 - w_c L_c - w_c L_f)/(Y_1 - w_c L_c - w_f L_f)]$$
$$+ \beta\ln(w_f/w_c) + \mu \qquad (7.15)$$

在上式中,Y_2/Y_1 表示城市部门国民收入变化度,指 Y_2 时期的城市部门国民收入与 Y_1 时期的城市部门国民收入的比值;α_0 为常数项;$(Y_2 - w_c L_c - w_c L_f)/(Y_1 - w_c L_c - w_f L_f)$ 表示城市部门利润变化度,指不同时期的城市部门利润的比值;w_f/w_c 表示工资扭曲度;μ 表示影响城市部门国民收入变化度的其他因素;α、β 分别表示利润变化度和工资扭曲度对国民收入变化度的影响系数。

二、估计结果及讨论

(一)平稳性检验和协整检验

在回归分析之前先对式(7.15)的各变量进行平稳性检验和协整检验,涉及了城市部门国民收入变化度、城市部门利润变化度、工资扭曲度几个变量,这几个变量都由经济行为模型推导而来,均为 1980—2011 年的时间序列数据。用 PP 平稳性检验结果显示这三个变量的二阶差分序列是平稳的(见表 7-3),为二阶单整,即 $I(2)$。对式(7.15)的协整秩迹检验结果显示存在一个线性无关的协整向量,而最大特征值检验也表明,无法拒绝"协整秩为1"的原假设(见表 7-4),因此,被解释变量和解释变量之间存在协整关系。

表 7-3　变量 PP 平稳性检验

检　验　变　量	检验统量	5%临界值
城市部门国民收入变化度	−31.66	−12.56
(对数)二阶差分	−8.34	−2.99
城市部门利润变化度	−25.88	−12.56
(对数)二阶差分	−4.58	−2.99
工资扭曲度	−34.06	−12.56
(对数)二阶差分	−11.34	−2.99

表 7-4　变量协整检验

协整个数	秩迹检验		最大特征值检验	
	特征值	迹统计量	特征值	λmax 统量
0	0.00	41.50	0.00	37.25
1	0.72	4.25	0.72	3.57
2	0.12	0.68	0.12	0.68
3	0.02	0.00	0.02	0.00

（二）OLS 估计与 MLE 估计

对计量模型的估计，首先采用 EG-ADF 方法用 OLS 估计，再采用 MLE 对模型进行估计，对两种估计的结果进行比较。根据农村转移劳动力价格扭曲统计模型的统计结果分析，我们预计式(7.15)的参数 α、β 将大于零，即工资扭曲度、城市部门利润变化度将对城市部门国民收入变化度有正的影响。依据以上检验结果，表 7-5 报告了模型的估计结果。从表 7-5 可以看出，OLS 系数估计值与 MLE 估计结果比较接近，但是从理论来说，MLE 估计更有效率，因此本章采用 MLE 估计结果。用 MLE 方法估计的 VECM 模型的自相关检验的滞后一阶 P 值为 0.702，滞后二阶 P 值为 0.340，可以认为不存在自相关；VECM 系统的平稳检验结果显示，除了 VECM 模型本身所假设的单位根之外，伴随矩阵的所有特征值均落在单位元之内，故 VECM 系统是平稳过程。

表 7-5 估计结果显示模型的显著性比较高，和预期比较一致。城市部门利润变化度对城市部门国民收入变化度的影响为 66％，这表明城市

表 7-5　MLE 估计与 OLS 估计结果

解　释　变　量	被解释变量：城市部门国民收入变化度			
	MLE		OLS	
	系　数	z 统计量	系　数	t 统计量
城市部门利润变化度对数	−0.66***	−3.76	0.69***	4.71
工资扭曲度对数	−0.29**	−2.49	0.31***	4.09
常数项	−0.73		0.86**	2.37
R^2			0.964	

注：z 值和 t 值是异方差稳健性统计量，***、**、* 分别表示 1％、5％和 10％水平上显著。

部门利润变化度是影响城市部门国民收入变化度的最大因素,这可能是由于利润基本都转化为投资继续再生产,而且中国的实际情况是工资长期较低,32 年期间,中国经济增长实际情况显示,企业利润增长很快并是企业的重要组成部分。

工资扭曲度对城市部门国民收入变化度的影响为 29%,这显示工资扭曲度是影响城市部门国民收入变化度的较大因素。一方面,农村转移劳动力数量从 1980 年的 2 399 万增长到 2011 年的约 25 278 万;另一方面,农村转移劳动力工资和城镇企业劳动力工资差距从 1980 年的 326 元扩大到 2011 年 14 168 元,再加上农村转移劳动力因为平均每周工作时间长于城镇居民以及无社会保障为城市部门节约的财富,农村转移劳动力因价格扭曲对城市部门的经济增长做出了巨大贡献;然而,由于对农村转移劳动力价格扭曲对城市经济或国民经济贡献方面的实证研究暂时还没有发现,无法比较。但潘文卿(1999)测算出农业剩余劳动力的转移对GDP 增长的贡献为 13.9%,他的研究主要是基于劳动力重新配置效应来研究农村转移劳动力的贡献;严于龙(2008)计量得出,改革开放以来农民工对经济增长的贡献接近 22%;杨晓军(2012)研究发现,农民工数量增加对总劳动生产率增长平均贡献率为 19.96%,对总产出增长的平均贡献率为 13.41%。农民工劳动生产率对总劳动生产率增长平均贡献率为17.60%,对总产出增长平均贡献率为 16.58%;上述研究主要是基于农民工数量增加,以及农民工从农业部门进入城镇部门后提高了自身劳动生产率,从而促进经济增长的角度分析农民工对经济和城市部门的贡献。本书的研究虽然和上述研究角度不同,但上述研究还是在一定程度上佐证了本书研究结论的合理性。

(三)变系数半参数估计

以上回归结果提供了工资扭曲对城市部门国民收入变化的影响程度,但是式(7.15)是一个对数线性模型,只能反映各变量对城市部门国民收入变化的平均影响程度。然而工资扭曲对城市部门国民收入变化的影响不是完全线性,是随社会经济的发展和时间的变化而变化的,所以,要更准确地反映工资扭曲对城市部门国民收入变化影响的趋势,就需要寻找比对数线性模型更为灵活的模型。因此,我们选择了既能在很大程度上刻画工资扭曲对城市部门国民收入变化影响的趋势又受数据样本量限制相对较小的变系数模型,依据式(7.15)模型设定如下:

$$\ln(Y_2/Y_1) = \alpha_0(z) + \alpha(z)\ln[(Y_2 - w_c L_c - w_c L_f)/(Y_1 - w_c L_c - w_f L_f)]$$
$$+ \beta(z)\ln(w_f/w_c) + \mu \tag{7.16}$$

上式中 $\alpha_0(z)$、$\alpha(z)$ 和 $\beta(z)$ 表示可以随变量 z 变化的影响系数,本章选择了时间作为变系数的自变量,$z_t = (t-1980)/(2011-1979)$,$t$ 表示 1980—2011 年的具体年份。所以,式(7.16)就能反映各变量对城市部门国民收入变化影响的时间变化趋势了。本文采用半参数方法对式(7.16)进行估计,借鉴 Li 等(2000)以及 Cai 等(2000)提出的变系数模型核估计方法,其影响系数的估计量如下:

$$\hat{\beta}(z_t) = \left[\sum XX' \times K\left(\frac{z_t - z}{h}\right)\right]^{-1} \sum XY \times K\left(\frac{z_t - z}{h}\right) \tag{7.17}$$

式(7.17)中,X 表示解释变量,Y 表示被解释变量,K 表示核函数,h 表示和 z 相关的光滑参数,也称为带宽(bandwidth)。本章采用高斯核函数,同时依据拇指原则选择光滑参数,也就是令带宽 $h = 1.06s(z) \times n^{(-0.2)}$,$s(z)$ 表示样本的标准差,n 表示样本量。估计结果如式(7.18)所示,式(7.18)的估计系数是全部样本区间估计结果的平均值,其 P 值分别在 1% 和 5% 水平上都是显著的,R^2 是 0.981。变系数模型系数平均值与 MLE 及 OLS 估计结果符号一致,结果相差不大。

$$\ln(Y_2/Y_1) = 0.57 + 0.61\ln[(Y_2 - w_c L_c - w_c L_f)/(Y_1 - w_c L_c - w_f L_f)]$$
$$+ 0.19\ln(w_f/w_c) \tag{7.18}$$

因为随着时间的变化,变系数模型的估计系数是变化的,因此,变系数模型展现了更为详细和丰富的信息,图 7-1 显示了线性模型和变系数模型各自不同的工资扭曲对城市部门国民收入变化影响的随时间变化趋势。在图 7-1 中,线性模型估计系数是平行不变的,变系数模型估计的工资扭曲对城市部门国民收入变化影响的系数随时间变化而不断变化,且变化是非

图 7-1 线性模型和变系数模型估计系数比较

线性的,这表明在不同的时期工资扭曲对城市部门国民收入变化的影响是在不断变化的。从图 7-2 可以看出:(1)在 1980 年前半段,工资扭曲对城市部门国民收入变化的影响增长较快。可能是因为改革开放伊始,大量的农村剩余劳动力涌入城市,导致城市部门劳动力供过于求,农村转移劳动力工资偏低,农村转移劳动力工资扭曲程度变大,使得工资扭曲对城市部门国民收入变化的影响变大。(2)1986—1997 年,工资扭曲对城市部门国民收入变化的影响逐步减小停滞阶段。原因可能是因为 80 年代中开始的城市经济改革和 1992 年确立了社会主义市场经济制度,使得中国经济在巨大的制度红利刺激下持续快速地增长,期间大部分年份中国 GDP 增长都保持在 10% 以上,引致了对劳动力的大量需求,推动农村转移劳动力工资快速上涨,导致农村转移劳动力价格扭曲减少,因此,使得农村转移劳动力价格扭曲对城市部门国民收入变化的影响变小。(3)1998—2003 年,工资扭曲对城市部门国民收入变化的影响快速上升阶段。可能是因为 1997 年亚洲金融危机打击了中国的出口和经济增长,导致对农村转移劳动力需求减少,使得农村转移劳动力工资增长缓慢,同时城镇劳动力工资增长很快,这两方面的因素加大了农村转移劳动力工资扭曲,也促使工资扭曲对城市部门国民收入变化的影响快速上升。(4)2004—2011 年,工资扭曲对城市部门国民收入变化的影响趋向下降阶段,但是下降的并不多,有的年份还出现反复。主要是因为,2002 年以后中国经济进入了新的增长周期,经济的快速增长增加了对劳动力的需求,同时计划生育造成农村剩余劳动力数量的持续减少，这些因素导致中国从 2004 年开始爆发了全面的"民工荒"，农村转移劳动力工资开始了持续快速上涨，同时农村转移劳动力数量增长速度也放缓，有的年份甚至出现数量减少，从而使得工资扭曲对城市部门国民收入变化的影响趋向趋于下降。

第五节 本 章 小 结

本章首先统计分析了 1980—2011 年的 32 年中，农村转移劳动力因价格扭曲对城市部门的贡献，然后构建了农村转移劳动力价格扭曲对城市经济贡献的经济行为模型，并进行了实证分析。研究结果表明：(1)农村转移劳动力价格扭曲对城市部门的贡献主要包括工资低于城镇居民的部分、工作时间长于城镇居民的部分和因缺少福利保障而损失的收入三个部分。本章从这三个方面统计分析得出：1980—2011 年，如果一个农村转移劳动力从 1980 年进入城市工作到 2011 年止，因价格扭曲对城市部门国民经济的贡献约为 22.09 万元。32 年中，进入城市工作的所有农村转移劳动力，因价格扭曲对城市部门国民经济的贡献共计约为 43.42 万亿元。(2)城市部门国民收入变化主要受城市部门利润变化和工资扭曲度的影响，目前，城市部门利润变化是影响城市部门国民收入变化的最大因素，其影响为 66%，农村转移劳动力价格扭曲对城市部门国民收入变化有 29% 的正向影响。(3)工资扭曲对城市部门国民收入变化的影响是在不断变化的。1980 年前半段工资扭曲对城市部门国民收入变化的影响增长较快；1986—1997 年，工资扭曲对城市部门国民收入变化的影响逐步减小停滞；1998—2003 年，工资扭曲对城市部门国民收入变化的影响快速上升；2004—2011 年，工资扭曲对城市部门国民收入变化的影响趋向下降，但是下降的并不多，有的年份还出现反复。

注 释

[1] 新剑桥学派卡尔多的经济增长理论也认为国民收入等于工资总额加利润总额。

第八章
农村转移劳动力价格扭曲、趋同与农村发展实证研究

2.5亿农村转移劳动力为中国的工业化和城市化做出巨大的贡献，但整个农业部门却付出巨大的代价。大部分第一代农村转移劳动力在年老体衰后由于无法定居城市将不得不返回农村；另外，城乡收入差距持续扩大。因此，中国出现了农业部门生产率低下，农村基础设施落后，农村凋敝的现象。当然，农村转移劳动力扭曲给农村带来巨大负面影响的同时，随着农村转移劳动力价格的上升及趋同，大量的农村转移劳动力外出务工也给农业部门带来大量的资金、新技术和新观念，也在一定程度上促进了农业部门的发展。因此，为了客观地评价农村转移劳动力价格扭曲和趋同给农业部门带来的影响，有必要对农村转移劳动力价格扭曲及趋同对农业部门的影响情况进行全面考察，为促进城乡协调发展提供参考依据。

上一章实证研究了农村转移劳动力价格扭曲为城市经济增长做出的巨大贡献，本章将实证研究农村转移劳动力价格扭曲以及趋同对农村的影响。首先，构建了价格扭曲以及趋同对农村的影响计量模型；其次，对相关数据进行处理并进行统计性描述；最后，讨论了估计结果。

第一节　计量模型构建与估计方法

一、计量模型构建

(一)价格扭曲与农村发展

假设生产函数服从如下 C-D 生产函数形式:

$$Y = AK^{\alpha}L^{\beta}H^{\theta} \tag{8.1}$$

依据以上理论分析结合中国的现实情况,在模型中加入以下变量:(1)主要解释变量转移劳动力工资扭曲变量;(2)控制变量政府财政支农资金和农业税;2003 年之前中国向农民收取农业税,变量取值为 1;2003 年之后中国取消农业税,变量取值为 0。最后构建农村转移劳动力价格扭曲影响农业 GDP 和城乡人均收入差异的计量模型如下:

$$\ln G = \beta_0 + \beta_1 \ln WD + \beta_2 \ln K + \beta_3 \ln L + \beta_4 \ln F + \beta_5 \ln H + \beta_6 \ln T + \mu \tag{8.2}$$

上式中,G 表示农业产值,WD 表示农村转移劳动力工资扭曲度,K 表示农业资本投入,L 表示农业劳动力投入,F 表示政府财政支农资金,H 表示农村耕地数量,T 表示农业税,μ 是随机误差项。

$$\ln DF = \beta_0 + \beta_1 \ln WD + \beta_2 \ln (K_1/K_2) + \beta_3 \ln (L_1/L_2) + \beta_4 \ln F + \beta_5 \ln H + \beta_6 \ln T + \varepsilon \tag{8.3}$$

上式中,DF 表示城乡人均收入差异,WD 表示农村转移劳动力工资扭曲度,K_1/K_2 表示城乡资本投入之比,L_1/L_2 表示城乡劳动投入之比,F 表示政府财政支农资金,H 表示农村耕地数量,T 表示农业税,ε 是随即误差项。

(二)价格趋同与农村发展

依据以上理论分析结合中国的现实情况,构建农村转移劳动力价格变化趋同影响农业 GDP 和城乡人均收入差距的计量模型如下:

$$\ln G = \beta_0 + \beta_1 \ln W_f + \beta_2 \ln K + \beta_3 \ln L + \beta_4 \ln F + \beta_5 \ln H + \beta_6 \ln T + \mu \tag{8.4}$$

$$\ln DF = \beta_0 + \beta_1 \ln W_f + \beta_2 \ln (K_1/K_2) + \beta_3 \ln (L_1/L_2)$$
$$+ \beta_4 \ln F + \beta_5 \ln H + \beta_6 \ln T + \varepsilon \qquad (8.5)$$

式(8.4)和式(8.5)中，W_f 表示农村转移劳动力工资变化，其他变量与式(8.2)和式(8.3)相同。

二、 估计方法

在以上计量模型估计中，有一个重要问题还需要考虑，本章虽然已经考虑了很多影响农业产值和城乡人均收入差异的解释变量，但是也还是有可能出现遗漏解释变量的情况。同时，回归模型中也有可能存在双向因果关系，这两种情况都有可能导致内生性问题，那么得到的参数估计结果就可能有偏误和不一致。解决内生性问题的一个有效方法是寻找一个与内生解释变量相关但外生独立于被解释变量的工具变量(IV)。一般来说，要寻找一个合适的工具变量通常比较困难，一个常见的经验性的做法是选择内生变量的滞后项作为工具变量(林毅夫、姜烨，2006；郭熙保、罗知，2009)，因为滞后项与本期的解释变量有一定的相关性，但不会影响当前的被解释变量，满足工具变量的基本要求。因此，本章选择了主要解释变量农村转移劳动力工资扭曲度和农村转移劳动力工资变化的滞后期数据作为工具变量。本章将首先采用 OLS 进行估计，因为样本数量较小，为了避免 IV GMM 估计的效果变差，我们再应用二阶段最小二乘法(2SLS)估计，比较控制内生性前后两种估计结果的差异。

第二节　数据来源、处理与描述性统计

一、 数据来源

数据来源于《中国统计年鉴》《中国农村统计年鉴》《中国人口统计年鉴》《中国农村住户调查年鉴》《中国人力资源与社会保障年鉴》和调查处理数据，时间跨度 1980—2011 年。

二、 数据处理

转移劳动力工资扭曲，使用第七章中的统计处理数据。

农业资本投入,因为统计年鉴没有统一的农业资本投入,用农业化肥使用量表示。

农业劳动力投入,用第一产业就业人数表示。

农村耕地数量,因为很多耕地被抛荒,所以本章用作物播种面积表示农村耕地数量,可能更为合理。

城乡人均收入差异,用城镇居民人均可支配收入比农民人均纯收入表示。

城乡资本投入之比,用城镇固定资本投资比农村固定资本投资表示。

城乡劳动投入之比,用城镇从业人数比农村从业人数表示。

农村转移劳动力工资变化,采用第四章调查处理数据。

三、 描述性统计

(一)农业产值与解释变量关系描述统计

表8-1显示,农业产值变量的平均值是 13 962.72 亿,最小值是 1 372 亿,最大值是 47 486 亿;农业资本投入变量的替代化肥使用量的平均值是 3 457.09 万吨,最小值是 1 269 万吨,最大值是 5 704 万吨,从 1980—2011 年,32 年间增长了 4.49 倍;耕地面积替代变量作物播种面积平均值是 151 045.90 千公顷,最小值是 143 626 千公顷,最大值是 162 283 千公顷,变化不大;农业劳动力的平均值是 33 518.72 万,最小值是 26 594 万,最大值是 39 098 万,数量变化也不大;工资扭曲度变量的平均值是 13 567.75 亿,最小值是 272 亿,最大值是 64 310 亿,32 年期间增长了 236.43 倍;工资变化变量的平均值是 6 409.25 元,最小值是 337 元,最大值是 26 070,32 年间增长了 77.36 倍。

表8-1 农业产值与变量关系描述统计

变　量	样本量	平均值	标准差	最小值	最大值
农业产值(亿)	32	13 962.72	12 360.27	1 372	47 486
化肥用量(万吨)	32	3 457.09	1 385.92	1 269	5 704
作物播种面(千公顷)	32	151 045.90	5 629.09	143 626	162 283
农业劳动力(万)	32	33 518.72	3 333.06	26 594	39 098
工资扭曲度(亿)	32	13 567.75	19 353.55	272	64 310
工资变化(元)	32	6 409.25	6 205.72	337	26 070

（二）城乡收入差异与解释变量关系描述统计

如表 8-2 所示，因变量城乡收入差距的平均值是 2.65，最小值是 0.85，最大值是 3.33，从 1980 年到 2011 年，32 年间城乡收入差异增长了 3.92 倍；城乡投资之比变量的平均值是 3.91，最小值是 0.21，最大值是 7.08，增长了 33.71 倍；城乡劳动力之比变量的平均值是 0.47，最小值是 0.33，最大值是 0.89，相对来说变化不是特别大；财政支农变量的平均值是 1 832.88 亿，最小值是 150 亿，最大值是 10 498，32 年间增长了 69.99 倍。

表 8-2　城乡差异与变量关系描述统计

变　　量	样本量	平均值	标准差	最小值	最大值
城乡收入差距	32	2.65	0.49	0.85	3.33
城乡投资之比	32	3.91	1.41	0.21	7.08
城乡劳动力之比	32	0.47	0.16	0.33	0.89
财政支农（亿）	32	1 832.88	2 657.24	150.00	10 498.00
工资扭曲度（亿）	32	13 567.75	19 353.55	272.00	64 310.00
工资（元）	32	6 409.25	6 205.72	337.00	26 070.00

第三节　估计结果及讨论

一、　价格扭曲与农村发展估计结果

（一）价格扭曲对农业生产的影响

表 8-3 报告了模型的估计结果，分别运用 OLS 和 2SLS 估计方法，模型（1）和模型（3）估计了工资扭曲度一个变量对农业产值的影响，模型（2）和模型（4）加入了控制变量农业资本投入、农业劳动力投入、农村耕地数量、财政支农资金和农业税变量。

比较估计结果，OLS 和 2SLS 两种估计方法的结果方向一致，但具体影响程度差别较大，因为 2SLS 估计方法控制了内生性，结果更为可信。估计结果显示：工资扭曲度对农业生产的影响比较显著，在没有控制其他变量的条件下，农村转移劳动力工资扭曲度对农业生产的影响是 −0.635；在控制了其他变量的条件下，工资扭曲度对农业生产的影响是 −0.121。从估计结果可以看出控制了其他变量的条件下，工资扭曲度对农业生产有负

表 8-3　价格扭曲对农业生产的影响估计结果

解 释 变 量	被解释变量:农业产值			
	OLS		2SLS	
	(1)	(2)	(3)	(4)
工资扭曲度	−0.582 ***	−0.057 **	−0.635 ***	−0.121 **
	(−19.62)	(−2.90)	(−12.55)	(−2.96)
农业资本投入		2.284 ***		3.797 *
		(17.97)		(1.97)
农业劳动力投入		−1.190 ***		−0.983 *
		(−6.33)		(−1.84)
农村耕地数量		1.02		2.093
		(1.35)		(1.79)
财政支农资金		0.077		0.063
		(0.59)		(0.47)
农业税		0.045		0.037
		(0.86)		(1.51)
常数项	4.273 ***	−9.069	−5.742	−5.894
	(17.05)	(−0.95)	(−0.66)	(−1.61)
R^2	0.925	0.997	0.917	0.994
Hansen 检验			12.07	12.31
			(0.847)	(0.829)

注:t 值是异方差稳健性 t 统计量,*** 、** 、* 分别表示 1%、5%和 10%水平上显著。

面影响但不是很大,这可能是由于:(1)农村转移劳动力工资扭曲使得农村转移劳动力的家庭情况改善不多,家庭用于农业生产的资源增加并不多,然而近年来,随着农村大批优质劳动力的流失,抛荒日趋严重,虽然从总量上来看农业产值并没有减少,但实际上农业产量一直徘徊不前,农业生产的潜在危机越来越大,这些情况对农业生产的负面影响却是根本性的。因此综合来看,工资扭曲阻碍了农业生产改善。(2)工资扭曲虽然致使农村转移劳动力汇回农村的资金比劳动力价格正常情况下减少,但不可否认,农村转移劳动力汇回农村的资金是农村现金收入的一个重要来源,这在一定程度上改善了农业生产状况,因此,工资扭曲并没有对农业产值造成太大的负面影响。

农业资本投入对农业生产的影响最大,达到 3.797,这比较符合中国农业生产的情况。农业劳动力投入对农业生产的影响是−0.983,这可能是中国土地有限,过多的劳动力投入到有限的土地上,可能会影响土地的产出效率。

令人费解的是农村耕地数量对农业产出影响不显著,可能的原因是期间耕地数量的变化相对其他变量变化不大,再加上中国耕地细碎化严重,农业生产效率长期较低,导致农业耕地数量的变化对农业产出影响较小。政府财政支农资金对农业产出影响不显著,可能是因为,由于中国民主和法治制度缺失,大量的财政支农资金被层层克扣和挪用,真正有多少财政支农资金能到农民手中值得怀疑;另外,大量的财政支农资金并没有直接地投入农业生产,而是用于农村修建基础设施和水利设施,但因为农民参与度低,这些设施建成后的作用也令人怀疑;此外,少部分直接补贴农民种田的资金数量太少,不足以激励农民加大农业种植。农业税对农业产出影响也不显著,可能是因为农业相对于外出务工收益太低,农业税的取消也不足以激励农民将更多的资源投向农业。

(二) 价格扭曲对城乡收入差距的影响

表 8-4 报告了模型的估计结果,分别运用 OLS 和 2SLS 估计方法,模型(1)和模型(3)估计了工资扭曲度一个变量对城乡收入差距的影响;模型(2)和模型(4)加入了城乡资本投入之比、城乡劳动力投入之比、农村耕地数量、政府财政支农资金和农业税变量。

表 8-4　价格扭曲对城乡人均收入差异的影响估计结果

解 释 变 量	被解释变量:城乡人均收入差异			
	OLS		2SLS	
	(1)	(2)	(3)	(4)
工资扭曲度	0.095 ***	0.033 *	0.165 **	0.082 *
	(10.05)	(1.98)	(2.73)	(1.79)
城乡资本投入之比		0.150 *		0.184 **
		(1.56)		(2.36)
城乡劳动投入之比		1.027 **		0.861 **
		(3.38)		(2.77)
农村耕地数量		−2.053		−1.78
		(−0.79)		(−0.536)
财政支农资金		−0.284 **		−0.269 *
		(2.97)		(1.71)

（续表）

解　释　变　量	被解释变量:城乡人均收入差异			
	OLS		2SLS	
	(1)	(2)	(3)	(4)
农业税		−0.146*		−0.108*
		(−1.47)		(−1.59)
常数项	0.165**	−1.87**	1.26	−3.17*
	(2.05)	(−2.96)	(0.49)	(−1.67)
R^2	0.763	0.835	0.734	0.868
Hansen 检验			15.93	15.28
			(0.861)	(0.845)

注:Z值是异方差稳健性 Z统计量,***、**、*分别表示 1%、5%和 10%水平上显著。

比较 OLS 和 2SLS 两种估计方法,仍然是结果方向大体一致,但具体影响程度差别较大。2SLS 估计结果显示:工资扭曲度对城乡人均收入差异的影响比较显著,在没有控制其他变量的条件下,农村转移劳动力工资扭曲度对城乡人均收入差异的影响是 0.165;在控制了其他变量的条件下,工资扭曲度对城乡人均收入差异的影响是 0.082,也即工资扭曲度的增加,扩大了城乡人均收入差异。工资扭曲度增加后,城市更多地分享了因农村转移劳动力工资扭曲而带来的农业剩余,1980—2011 年,中国工业产值从 2 192 亿增长到 220 413 亿,增长了 100.55 倍;而农村则失去了大量的优质劳动力和农业剩余,农业增长缓慢,1980—2011 年,中国农业产值从 1 372 亿增长到了 47 486 亿,仅增长了 34.61 倍;工业产值和农业产值之间的差距从 1980 年的 1.60∶1 变化为 2011 年的 4.64∶1。因此,工资扭曲度的增加导致了城乡人均收入差异的扩大。

城乡资本投入之比对城乡收入差异的影响是 0.184,城乡劳动投入之比对城乡收入差异的影响是 0.861,这与中国城乡经济增长主要依靠资本和劳动力拉动的现实是一致的。农村耕地数量对城乡收入差异的影响不显著,一个可能的原因是耕地数量变化对中国农民收入的影响不大。政府财政支农资金对城乡收入差异的影响是 −0.269,这显示政府对农村的公共资金转移支付投入对缩小城乡收入差异效果显著。农业税的取消对城乡收入差异的影响是－0.108,这说明取消农业税以后,虽然并没有激励农民扩大农业生产,但是显然减轻了农民负担,减小了城乡收入差异。

二、 价格趋同与农村发展估计结果

(一)价格趋同对农业生产的影响

表 8-5 报告了模型的估计结果,2SLS 估计结果显示:工资变化趋同对农业生产的影响比较显著,在没有控制其他变量的条件下,工资变化对农业生产的影响是 0.732;在控制了其他变量的条件下,工资变化对农业生产的影响是 0.187,从估计结果可以看出控制了其他变量的条件下,工资变化对农业生产的正面影响比较大。1980—2011 年,随着农村转移劳动力汇回农村的剩余工资的快速持续增加,农民投资于农业生产的资金也增长很快,这就直接促进了农业生产的增长。农业资本投入对农业生产有正面影响;农业劳动力投入对农业生产有负面影响;财政支农资金和农村耕地数量对农业生产影响不显著。

表 8-5　价格变化对农业生产的影响估计结果

解 释 变 量	被解释变量:农业产值			
	OLS		2SLS	
	(1)	(2)	(3)	(4)
工资变化	0.810 ***	0.230 **	0.732 **	0.187 **
	(48.98)	(2.21)	(2.25)	(2.47)
农业资本投入		1.626 ***		1.982 **
		(5.73)		(2.61)
农业劳动力投入		−1.085 ***		−1.64 *
		(−7.08)		(−1.79)
农村耕地数量		0.398		0.192
		(0.53)		(0.84)
财政支农资金		0.096		0.083
		(0.68)		(0.55)
农业税		0.027 *		0.036
		(1.70)		(0.67)
常数项	2.487 ***	0.657	3.491	0.495
	(18.24)	(0.07)	(0.40)	(0.28)
调整 R^2	0.987	0.997	0.878	0.992
Hansen 检验			11.29	11.96
			(0.817)	(0.863)

注:Z 值是异方差稳健性 Z 统计量,*** 、** 、* 分别表示 1%、5%和 10%水平上显著。

(二)价格趋同对城乡收入差距的影响

表 8-6 报告了模型的估计结果,模型(1)和模型(3)估计了工资变化一个变量对城乡收入差距的影响,OLS 和 2SLS 估计结果都显示,在没有控制其他变量的条件下,农村转移劳动力工资变化对城乡人均收入差异的影响比较显著,影响系数分别是 -0.130 和 -0.176;模型(2)和模型(4)引入了城乡资本投入之比、城乡劳动力投入之比和政府支农资金三个变量后,工资变化、城乡资本投入之比、城乡劳动力投入之比和政府支农资金对城乡人均收入差异的影响也比较显著;但是在引入了农村耕地数量和农业税变量之后,无论是 OLS 还是 2SLS 估计结果都显示,模型中除了城乡劳动力投入之比和政府财政支农资金变量之外,其他变量都变得不显著。因此,对价格变化趋同对城乡收入差异影响模型进行修正,删除农村耕地数量和农业税变量。2SLS 估计结果显示,在控制了其他变量和内生性的条件下,工资变化对城乡人均收入差的影响是 -0.271,也即农村转移劳动力工资的变化趋同减小了城乡人均收入差异。1980—2011 年,随着农村转移劳动力汇回农村的剩余工资的快速持续增加,农民的现金收入越来越多,因此,农民就有更多的现金进行投资、生产和消费,这就直接缩小了城乡收入差异。

表 8-6　价格变化对城乡人均收入差异的影响估计结果

解 释 变 量	被解释变量:城乡人均收入差异			
	OLS		2SLS	
	(1)	(2)	(3)	(4)
工资变化	-0.130 ***	-0.120 *	-0.176 ***	-0.271 *
	(10.23)	(1.83)	(12.48)	(-1.91)
城乡资本投入之比		0.662 **		0.551 *
		(2.19)		(1.68)
城乡劳动投入之比		1.410 **		1.346 **
		(2.99)		(2.82)
财政支农资金		-0.369 **		-0.415 **
		(-2.84)		(-2.77)
农村耕地数量				
农业税				
常数项	-0.991	-2.508 **	-0.864 *	3.698 *
	(0.351)	(-2.86)	(-1.72)	(1.81)
调整 R^2	0.770	0.839	0.825	0.862
Hansen 检验			13.72	13.84
			(0.851)	(0.837)

注:Z 值是异方差稳健性 Z 统计量,*** 、** 、* 分别表示 1%、5%和 10%水平上显著。

第四节　本章小结

本章对农村转移劳动力价格扭曲、价格变化趋同对农村的影响进行了实证研究,研究结果表明:(1)在控制了其他变量的条件下,工资扭曲度对农业生产有负面影响但并不是很大;(2)工资扭曲度对城乡人均收入差异的影响比较显著,也即工资扭曲度的增加,扩大了城乡人均收入差异;(3)工资变化趋同对农业生产的影响比较显著,在控制了其他变量的条件下,工资变化对农业生产的正面影响比较大;(4)工资变化趋同对城乡人均收入差的影响是负面的,也即农村转移劳动力工资的变化趋同,缩小了城乡人均收入差异。

第九章
农村转移劳动力价格趋同对
经济冲击效应模拟研究

2000 年以后,中国农村转移劳动力价格持续快速上涨,特别是从 2006 开始,农村转移劳动力价格增长速度超过了城镇劳动力价格增长速度,一些技术工人,甚至很多体力劳动工人的工资已经达到甚至超过了城市白领的工资水平。由于中国经济主要依赖廉价劳动力和廉价土地驱动的投资出口型增长,因此,有必要对农村转移劳动力价格趋同对中国宏观经济的冲击情况进行研究,未雨绸缪,积极应对农村转移劳动力价格的上升。

上一章实证研究了中国农村转移劳动力价格扭曲和价格趋同对农村的影响,本章将继续实证研究农村转移劳动力价格趋同对国民经济的冲击效应。首先,介绍了价格趋同对国民经济冲击的系统动力学模型基本结构;其次,估计了系统动力学模型的计量方程参数;最后,用系统动力学模型动态模拟价格趋同对国民经济冲击效应。

第一节 系统动力学模型构建

一、模型的基本结构

系统动力学基于系统论,综合了控制理论与信息论的精髓,通过定性与定量的统一分析解决问题,以定性分析为先导,定量分析为支持,两者相辅相成(王其藩,2009),它比较适合对社会经济系统进行定性与定量相结合的研究,可以作为实际系统的实验室(王其藩,1999),并且能够有效地揭示复杂系统在各种因果关系作用下所呈现出的动态变化规律,对于社会经济长期趋势预测效果尤为显著(史立军、周泓,2012)。因此,本章拟运用系统动力学方法,建立农村转移劳动力价格趋同对经济增长影响的系统动力学模型,对农村转移劳动力价格上升趋同给中国经济造成的冲击效应进行预测。农村转移劳动力价格趋同对经济增长的冲击系统是一个复杂的非线性系统,本节运用系统动力学对农村转移劳动力价格趋同对经济增长的冲击进行模拟分析。从总体上将该系统分为3个主要子系统,其分别是消费子系统、社会投资子系统、企业成本子系统。农村转移劳动力价格上升通过这三个子系统对整个经济系统产生影响,这三个子系统通过相互间的输入、输出变量来相互影响和相互制约、相互作用,互为因果,共同构成具有多重反馈关系,影响中国经济增长的系统框架。

二、 模型的因果关系分析

(一)子系统分析

农村转移劳动力价格上升导致的消费子系统、社会投资子系统和企业成本子系统变动,三个子系统之间又是密切联系和相互影响的。

1. 消费子系统:农村转移劳动力价格上升引致消费增加,消费的增加使得GDP、进口和社会零售水平也相应增加;GDP增加又带动了农村转移劳动力价格的进一步上升;进口增加减少了净出口,净出口的减少造成GDP减少,GDP减少又抑制了农村转移劳动力价格上升;社会零售水平增加带来人均购买力的增强,又进一步拉动CPI上升,同时CPI上升又抑制了消费的增加。

2. 社会投资子系统:农村转移劳动力价格上升使得企业利润减少,利润的减少致使企业减少了社会投资,社会投资的减少带来GDP的下降;GDP的下降又反过来抑制了农村转移劳动力价格上升并且进一步使得社会投资减少。

3. 企业成本子系统:农村转移劳动力价格上升引致企业成本增加,企业成本增加导致PPI上升和因出口竞争力的下降而带来的出口减少;

PPI 上升将会传导至 CPI;出口减少带来净出口的减少,净出口的减少造成 GDP 减少,GDP 减少又抑制了农村转移劳动力价格上升。

(二)因果关系图及反馈回路

根据以上子系统分析,运用 Vensim 软件构建出农村转移劳动力价格趋同对经济增长的影响系统的因果关系图,如图 9-1 所示。因果关系图中主要包括 7 条反馈回路:

1. 农村转移劳动力价格——→消费——→GDP——→农村转移劳动力价格

2. 农村转移劳动力价格——→消费——→进口——→净出口——→GDP——→农村转移劳动力价格

3. 消费——→社会零售——→人均购买力——→CPI——→消费

4. 农村转移劳动力价格——→社会投资——→GDP——→农村转移劳动力价格

5. 社会投资——→GDP——→社会投资

6. 农村转移劳动力价格——→企业成本——→出口——→净出口——→GDP——→农村转移劳动力价格

7. 农村转移劳动力价格——→企业成本——→企业平均成本——→PPI——→CPI——→消费——→GDP——→农村转移劳动力价格

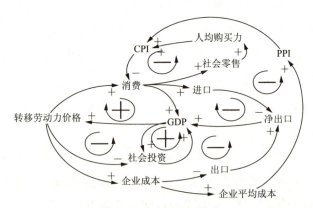

注:"+"正相关,"-"负相关,"+"不断加强的循环,"-"趋于平衡的循环

图 9-1　系统动力学因果关系图

在构建了以上 7 条主要反馈回路的基础上,建立了农村转移劳动力价

格趋同对国民经济的冲击系统动力学因果反馈模型,并对模型中的相关变量进行研究,揭示农村转移劳动力价格趋同对国民经济发展的系统影响。

第二节　系统动力学模型计量方程

一、数据来源

数据来源于《中国统计年鉴》《中国农村统计年鉴》《中国农业年鉴》《中国人口统计年鉴》《中国农村住户调查年鉴》《中国人力资源和社会保障年鉴》、中经网和笔者调查处理数据,时间跨度从 1990—2011 年。

二、计量方程与参数估计

在系统动力学因果关系分析完成后,需要从各自系统中的众多因素中挑选出联系最紧密的要素变量(各变量之间的关系如表 9-1 所示),合成一个闭合的、符合研究目的经济系统。然后对系统内部各变量之间的关系进行参数估计,估计方法使用计量经济学的回归估计方法,选取 1990—2011 年的数据,确定各相关系数,相关的方程如下:

1. $INITIAL\ TIME = 1990$(单位:年)

2. $FINAL\ TIME = 2020$(单位:年)

(一)转移劳动力模块:

1. 转移劳动力工资 $= INTEG$(转移劳动力工资×转移劳动力工资上升率,2 050)(单位:元)

2. 转移劳动力工资上升率 $= 0.12$

3. 转移劳动力数量 $= INTEG$(转移劳动力数量×转移劳动力数量增长率,0.425 6)(单位:亿)

4. 转移劳动力数量增长率 $= 0.090\ 7$

5. 转移劳动力工资上升值 $= 0.066×$转移劳动力工资×转移劳动力数量 $+0.002×$ GDP(单位:亿元)

(二)消费模块:

1. 消费值 $= INTEG$(消费增加,9 451)(单位:亿元)

2. 消费增加 $= 0.29×$转移劳动力工资上升值 $-22.1×$ CPI $+0.47×$

人均收入(单位:亿元)

3. 人均收入 = $INTEG$(人均收入增长率×人均收入, 2 303)(单位:元)

4. 人均收入增长率 = 0.08

5. 社会零售水平 = $INTEG$(社会零售水平增加, 8 300)(单位:亿元)

6. 社会零售水平增加 = 0.18×消费值(单位:亿元)

7. 人口数 = $INTEG$(人口增长率×人口数, 11.433 3)(单位:亿)

8. 人口增长率 = 0.008

9. 人均购买力 = 社会零售水平 / 人口数 × 0.000 1(单位:万元)

10. CPI = 0.07 + 0.13×PPI + 0.02×人均购买力 + 0.11×人民币汇率变化

11. 进口增加 = 0.1 + 0.105×消费值 + 0.07×人民币汇率变化(单位:亿元)

12. 进口额 = $INTEG$(进口增加, 2 547)(单位:亿元)

(三)社会投资模块:

1. 社会投资 = $INTEG$(社会投资改变, 4 449)(单位:亿元)

2. 社会投资改变 = 0.25×转移劳动力工资上升值 + 0.183×GDP − 30.8×原材料、燃料价格(单位:亿元)

3. 原材料、燃料价格 = INTEG(原材料、燃料价格增长率×原材料、燃料价格, 100)

4. 原材料、燃料价格增长率 = 0.065

5. GDP = 净出口 + 消费值 + 社会投资(单位:亿元)

(四)企业成本模块:

1. 企业成本 = $INTEG$(企业成本增加, 13 148)(单位:亿元)

2. 企业成本增加 = 0.16×转移劳动力工资上升值 + 130×原材料、燃料价格(单位:亿)

3. 企业平均成本 = 企业成本 / 企业数量(单位:亿元)

4. 企业数量 = $INTEG$(企业数量增长率, 417 082)(单位:个)

5. 企业数量增长率 = 0.002 75

6. PPI＝0.07＋0.14×企业平均成本

7. 人民币汇率变化＝0.079 7

8. 世界进口率＝0.06

9. 世界进口额＝INTEG（世界进口率×世界进口额，185 310）（单位：亿元）

10. 出口改变＝0.7－0.016×企业成本－0.3×人民币汇率变化＋0.025×世界进口额（单位：亿元）

11. 出口额＝INTEG（出口改变，2 986）（单位：亿元）

12. 净出口＝出口额－进口额（单位：亿元）

表 9-1　变量关系说明

	变　量　名　称	关　系　说　明
农村转移劳动力模块	转移劳动力工资	由转移劳动力工资初始值（取值：2 050 元）和其上升率决定
	转移劳动力工资上升率	取 1990—2011 年平均值 0.12
	转移劳动力数量	由转移劳动力数量初始值（取值：0.425 6 亿）和其增长率决定
	转移劳动力数量增长率	取 1990—2011 年平均值 0.090 7
	转移劳动力工资上升值	受转移劳动力工资、转移劳动力数量和 GDP 的共同影响
消费模块	消费值	由消费初始值（取值：9 451 亿元）和消费增加决定
	消费增加	受转移劳动力工资上升值、CPI 和人均收入影响
	人均收入	由人均收入初始值（取值：2 303 元）和人均收入增长率决定
	人均收入增长率	取 1990—2011 年平均值 0.08
	社会零售水平	由社会零售水平初始值（取值：8 300 亿元）和社会零售水平增加决定
	社会零售水平增加	受消费影响
	人口数	由人口数初始值（取值：11.433 3 亿）和人口增长率决定
	人口增长率	取 1990—2011 年平均值 0.008
	人均购买力	受社会零售水平和人口数影响
	CPI	受 PPI、人均购买力和人民币汇率变化影响
	进口增加	受消费值和人民币汇率变化影响
	进口额	由进口初始值（取值：2 547 亿元）和进口增加决定
社会投资模块	社会投资	由社会投资初始值（取值：4 449 亿元）和社会投资改变决定
	社会投资改变	受转移劳动力工资上升值、GDP 和原材料、燃料价格影响
	原材料、燃料价格	由原材料燃料价格初始值（取值：100）和原材料燃料价格增长率决定
	原材料、燃料价格增长率	取 1990—2011 年平均值 0.065
	GDP	由净出口、消费值和社会投资决定

（续表）

变量名称	关系说明
企业成本	由企业成本初始值（取值：8 300 亿元）和企业成本增加决定
企业成本增加	受转移劳动力工资上升值和原材料、燃料价格影响
企业平均成本	由企业成本和企业数量决定
企业数量	由企业数量初始值（取值：417 082 个）和企业数量增长率决定
企业数量增长率	取 1990—2011 年平均值 0.002 75
PPI	受企业平均成本影响
人民币汇率变化	取 1990—2011 年平均值 0.079 7
世界进口率	取 1990—2011 年平均值 0.06
世界进口额	由世界进口额初始值（取值：185 310 亿元）和世界进口率决定
出口改变	受企业成本、人民币汇率变化和世界进口额影响
出口额	由出口额初始值（取值：2 986 亿元）和出口改变决定
净出口	由出口额和进口额决定

（左侧分类标注：企业成本模块）

第三节   动态模拟分析

一、 情景设定

农村转移劳动力工资快速上升主要是在 2000 年之后，但是为了更准确地计量各变量之间的关系，选取了 1990—2011 年之间的数据进行计量模拟。模拟分析 1990—2000 年之间的农村转移劳动力价格年平均增长速度应该设定的低些，但为方便模拟统一设定 1990—2011 年的年平均增长速度。因此，为了研究农村转移劳动力价格增长对国民经济的冲击效应，设定了两种情景：

情景 1：农村转移劳动力价格以 1990—2011 年的年平均增长速度 12% 继续增长到 2020 年。

情景 2：农村转移劳动力价格以 15% 的速度从 1990 年增长到 2020 年，基本趋同于以现行速度增长的城镇企业劳动力工资。

二、 动态模拟与结果讨论

运用 Vensim 软件比较由情景 1 变化到情景 2 时的 GDP、消费值、社会投资、出口额、进口额和净出口的模拟预测结果，如图 9-2 至图 9-7 所示：

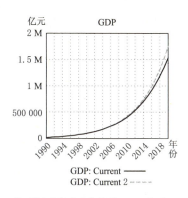
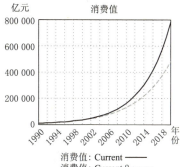

注:图 9-2 和 9-3 中的 Current 和 Current2 各表示转移劳动力价格增速 15％、12％时 GDP 和消费值

图 9-2　GDP 变动趋势　　　　　　**图 9-3　消费值变动趋势**

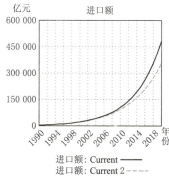
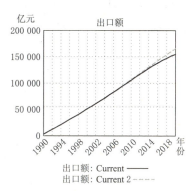

注:图 9-4 和 9-5 中的 Current 和 Current2 各表示转移劳动力价格增速 15％、12％时社会投资、出口额

图 9-4　社会投资变动趋势　　　　　**图 9-5　出口变动趋势**

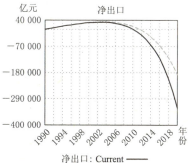

注:图 9-6 和 9-7 中 Current 和 Current2 各表示转移劳动力价格增速 15％、12％时的进口额和净出口

图 9-6　进口变动趋势　　　　　　**图 9-7　净出口变动趋势**

农村转移劳动力价格趋同对 GDP 有负面影响：2011 年 GDP 减少了 11 747 亿元,2020 年 GDP 减少了 220 640 亿元。由于农村转移劳动力价格的上升使得投资和净出口减少,而消费的增加又不能弥补因投资和净出口减少导致的 GDP 下降,因此总体而言农村转移劳动力价格趋同将会使 GDP 减少。

农村转移劳动力价格趋同对消费有正面影响：2011 年消费增加了 32 563 亿元,2020 年消费增加了 300 449 亿元。由于农村转移劳动力价格的上升使得农村转移劳动力和农民收入增加,而且他们产生于持久性收入的边际消费倾向很大,特别是农村转移劳动力收入提高将会增加其全家移居城镇的概率,城市化将会大大提高消费水平,因此,农村转移劳动力价格趋同对消费有较大正面影响。

农村转移劳动力价格趋同对投资有负面影响：2011 年社会投资减少了 32 671 亿元,2020 年社会投资减少了 382 730 亿元。由于劳动力工资的提高,使企业成本增加,企业将减少或者放弃一些低利润的投资项目,企业投资更为谨慎,因此,劳动力工资的提高不可避免地会减少企业的投资。

农村转移劳动力价格趋同对出口有负面影响：2011 年出口减少了 903 亿元,2020 年出口减少了 10 731 亿元。由于劳动力工资的提高,使企业成本增加,降低了企业产品的出口竞争力,因此,会减少出口。

农村转移劳动力价格趋同对进口有正面影响：2011 年进口增加了 10 736 亿元,2020 年进口增加了 127 635 亿元。劳动力工资的上升使得农村转移劳动力和农民的收入增加,提高了他们的消费能力,因此,相应地会增加对进口商品的需求。

农村转移劳动力价格增速加快对净出口有负面影响：2011 年净出口减少了 11 639 亿元,2020 年出口减少了 138 366 亿元。劳动力工资的提高减少了出口,增加了进口,相应地会使得净出口减少。

第四节　本　章　小　结

本章运用系统动力学模型对农村转移劳动力价格趋同对中国宏观经

济的冲击效应进行动态模拟,研究结果表明农村转移劳动力价格趋同对中国宏观经济将会产生巨大的冲击效应:(1)农村转移劳动力价格趋同对 GDP 有负面影响;(2)农村转移劳动力价格趋同对消费有正面影响;(3)农村转移劳动力价格趋同对投资有负面影响;(4)农村转移劳动力价格趋同对出口有负面影响;(5)农村转移劳动力价格趋同对进口有正面影响;(6)农村转移劳动力价格趋同对净出口有负面影响。

农村转移劳动力价格快速上升趋同将会给中国经济带来深远的影响:(1)由于劳动力成本上升,企业成本提高,将削弱产品出口竞争力,传统低附加值制造业将难以为继,使中国出口难以继续高速增长,企业必须转向管理创新和技术创新,以提升产品附加值和企业核心竞争力;(2)劳动力成本的上升将会减少企业投资回报率,致使企业投资更加谨慎,抑制企业投资冲动;(3)农村转移劳动力价格的上升将会减少农村居民的流动性约束,提升农村居民的消费水平;将会推动中国经济增长模式由投资、出口拉动型转向内需拉动型。

因此,我们应该采取合适的措施应对农村转移劳动力价格快速上升:(1)农村转移劳动力价格快速上升不可逆转,应采取各种措施清除农村转移劳动力市民化的障碍,促进其市民化进程,以提升中国消费水平;(2)加大基础科研投入水平,补贴企业技术研发和人才培训,推动技术和管理创新,引导企业从依赖低劳动力成本转型为依靠管理创新和技术进步上来;(3)劳动力成本的快速上升使大量中小企业面临困境,应改革投资、财税、金融制度,从根本上解决中小企业面临的税收和融资压力;(4)政府应转变职能,从公司型政府转变为服务型政府,把有限资源投入到民生领域,建立公平、统一和完善的社会保障体系,从而促进内需消费,以加快经济转型;(5)应加大对农业部门的财政转移力度,以弥补 60 多年来农业部门为中国经济发展所付出的巨大代价,提升农民的消费水平,促进中国经济转型。

第十章
结论及启示：后人口红利时代
中国经济的发展战略

第一节　结　　论

本书将马克思主义经济理论和现代西方经济理论结合起来,构建了本书的理论框架,以此为理论基础,对农村转移劳动力价格扭曲、价格动态变化趋同及其对城市经济、农村发展和中国宏观经济的影响展开实证研究,本书的主要结论如下:

一、理论结论

综合运用马克思主义工资理论、制度理论和劳动异化理论及发展经济理论对相关问题进行了深入的理论研究,得出以下理论研究结论:(1)农村的低发展水平、资本稀缺、农村转移劳动力半无产阶级化、劳工权益缺失、城乡的巨大差异以及二元户籍、二元劳动力市场制度是中国农村转移劳动力价格扭曲的主要原因;(2)城市生活成本的提高、农村转移劳动力维权意识的提高和中国劳动力市场供求关系的变化是中国农村转移劳动力价格变化趋同的主要因素;(3)农村转移劳动力创造的剩余价值的资本化和农村剩余劳动力的转移是城市经济增长的重要因素;(4)农村转移劳动力价格扭曲不利于农村发展,农村转移劳动力价格变化促进了农村发展,缩小了城乡差距;(5)农村转移劳动力价格变化趋同通过各种机制对中国消费、投资、进出口、净出口和 GDP 产生了巨大的冲击效应。

二、 农村转移劳动力价格扭曲的原因

1980—2011年之间,中国存在巨大的农村转移劳动力价格扭曲。(1)本书运用发展模型分解出在劳动力工资的总体变异中,有约29.27%是由其个体特征差异所引起的,而有约46.98%则是由户籍差别所导致的,也就是说农村转移劳动力价格扭曲中约有46.98%是由户籍差别造成的。(2)真实的农民人均收入是农村转移劳动力价格扭曲的最重要因素;高出农民人均收入几倍的真实城镇居民工资是农村转移劳动力价格扭曲的次要因素;劳动力总量是农村转移劳动力价格扭曲的一个重要因素。因此,长期城乡真实收入的巨大差异造成农村剩余劳动力大规模转向城市部门,由此导致了农村转移劳动力价格扭曲。

三、 农村转移劳动力价格动态变化与趋同

1980—2011年之间,中国农村转移劳动力价格和城镇劳动力价格之间的差异不断变化。(1)1980—1987年,农村转移劳动力工资与城镇劳动力工资的差距较大;(2)1988—1994年,农村转移劳动力工资已经超过了城镇劳动力工资;(3)1995—2003年,农村转移劳动力工资与城镇劳动力工资的差距又在逐渐扩大,但是一直到1997年工资差距都不大,从1998年开始工资差距才迅速变大;(4)2004—2011年,农村转移劳动力工资与城镇劳动力工资的差距又开始逐步缩小,说明农村转移劳动力工资有动态趋同于城镇劳动力工资的趋势,虽然趋同的速度总体上看不是很快,但是2006年以后有加快趋势。

四、 农村转移劳动力价格扭曲对城市经济增长的贡献

农村转移劳动力价格扭曲对中国的工业化和城市化做出了不可估量的贡献,以农村转移劳动力价格扭曲为代价的低劳动力成本是推动中国成为世界工厂的重要因素之一,为中国出口连续10年高速增长做出了巨大贡献。农村转移劳动力价格扭曲对城市部门的贡献主要包括三个部分,本书统计分析得出:(1)1980—2011年期间,如果一个农村转移劳动力从1980年进入城市工作到2011年止,因价格扭曲对城市部门国民经济的贡献约为22.09万元;32年中,进入城市工作的所有农村转移劳

动力,因价格扭曲对城市部门国民经济的贡献共计约为 43.42 万亿元。(2)城市部门利润变化是影响城市部门国民收入变化的最大因素,其影响为 66%,农村转移劳动力价格扭曲对城市部门国民收入变化有 29% 的正向影响。(3)运用变系数半参数方法估计结果表明工资扭曲对城市部门国民收入变化的影响是在不断变化的。

五、 农村转移劳动力价格扭曲、趋同对农村发展的影响

农村转移劳动力价格扭曲在为中国工业化和城市化做出巨大贡献的同时,农村转移劳动力自身及整个农业部门却付出了巨大的代价。然而,至今农村转移劳动力仍然无法获得城市户籍,不能在城市定居并融入城市,农村和农民无论在经济还是社会发展方面并不乐观;另一方面,不可否认的是 2.5 亿农村转移劳动力给农村带来了大量的资金、技术、经验和开放的观念,促进了农村的发展和进步。(1)工资扭曲度对农业生产有负面影响但并不是很大;(2)工资扭曲度对城乡人均收入差异的影响比较显著,也即工资扭曲度的增加,扩大了城乡人均收入差异;(3)工资变化趋同对农业生产的正面影响比较大;(4)工资变化趋同对城乡人均收入差异的影响是负面的,也即农村转移劳动力工资的变化趋同,减小了城乡人均收入差异。

六、 农村转移劳动力价格趋同对国民经济的冲击效应

农村转移劳动力价格的变化与趋同,已经对中国的宏观经济带来了巨大的冲击效应,近几年来特别是 2008 年金融危机以后,由于劳动力成本的持续上涨,大量中小企业利润急剧下降,中国出口增速缓慢,有些月份甚至是负增长,中国经济增长速度从 2010 年第三季度以来持续下滑;将来随着农村转移劳动力价格的持续上升,将会对中国经济带来更大的冲击:(1)农村转移劳动力价格趋同对 GDP 有负面影响;(2)农村转移劳动力价格趋同对消费有正面影响;(3)农村转移劳动力价格趋同对投资有负面影响;(4)农村转移劳动力价格趋同对出口有负面影响;(5)农村转移劳动力价格趋同对进口有正面影响;(6)农村转移劳动力价格趋同对净出口有负面影响。

第二节　政 策 启 示

中国经过执行 30 多年严格的计划生育政策，2010 年全国总和生育率下降到 1.18，2000—2010 年，人口年均自然增长率仅为 0.57%，从 2013 年开始中国总劳动力绝对数量开始减少，从 2015 年开始中国总人口绝对数量也可能会开始下降；再加上经过 30 多年的转移，能够转移的农村剩余劳动力数量已经不多，中国人口红利带来的低劳动力成本时代已经基本结束。这将给严重依赖低劳动力成本的中国经济带来巨大挑战，中国经济只有改变现有的投资、出口驱动型增长模式，转向内需驱动型增长模式，才能顺利转型。

一、 农村、农民发展战略

改革开放以前，中国农业部门通过工农业产品剪刀差为中国工业化和城市化贡献了源源不断的农业剩余；改革开放以后，农业部门除了继续以产品剪刀差形式贡献外，还通过农村剩余劳动力转移的形式贡献了巨额的农业剩余；然而，改革开放 30 多年后，中国城乡收入差距却从 1980 年的 2.5∶1 扩大到 2011 年的 3.3∶1；在城市日新月异的今天，大部分农村村貌却并无多少改变，随着农业剩余的流失，农村空壳化日益严重；即便未来中国的城市化率达到 80%，中国仍有近 2.6 亿人生活在农村，这些农民的生存生活权利问题仍不容忽视。因此，中国到了彻底的反思农村、农民政策的时候了。(1)农业是弱势产业，农民是弱势群体，美欧日韩等国家农民收入的 70%来自于政府补贴，因此，为了补偿农业部门对城市化和工业化作出的贡献，政府应该在二次分配中加强财政转移力度，加大对农村、农民的补贴力度；(2)在城市基础建设几近饱和的今天，城市基建投资边际收益递减，应该把公共基础设施投资重点转移到农村，彻底改变农村基础设施薄弱和村貌落后的局面；(3)尽快全国性地废除阻碍劳动力转移的二元户籍、二元劳动力市场等制度，建立实用、高效的农村转移劳动力培训体系，推动农村劳动力的转移，尽可能多地将农村人口转移到城市；(4)农村、农民落后的根源在于权利的缺失，政府应该推动农民实行基层自治,建立农民自治组织维护农民的权益。

二、 城市部门发展战略

从 1949 年至今,中国的城市化和工业化是建立在榨取农业部门剩余基础上的,但是现在随着人口红利和土地红利时代的结束,城市部门将不得不改变现在的发展模式。(1)城市部门应该大力发展高附加值的第三产业,以应对工业劳动力成本的上升和利润减少的趋势,同时又可加大对农村转移劳动力的吸收;(2)城市部门应该加大研发投资、加强管理和技术创新,提高产品附加值,从依赖低成本竞争转向为依靠管理和技术创新竞争优势;(3)城市部门应该改变现在的半城市化模式,不只扩张城市面积,更要真正实现人的城市化,吸收农村转移劳动力定居融入城市,虽然短期内城市部门将会面临利益的摊薄,但长期内将会提升城市居民的消费能力,拉动内需,改变现有的城市依赖投资的发展模式。

三、 中国经济发展战略

改革开放后,中国经历了农村联产承包责任制、城市国有企业改革、民营企业的崛起、社会主义市场经济制度改革和加入 WTO 等制度改革,中国经济依靠制度改革释放出的巨大红利和廉价劳动力、廉价土地红利持续快速增长了 30 多年;今天,制度、劳动力和土地红利已基本耗尽,中国经济走到了十字路口,尽管 2008 年中国实行了 4 万亿巨大的投资刺激计划,但是从 2010 年第三季度开始,中国经济增长速度持续下滑,出口低速增长甚至负增长,消费长期低迷,经济严重依赖房地产的发展,因此,中国经济的转型发展迫在眉睫。(1)要改变现有的依赖投资、出口的增长模式,走向内需消费型增长之路,必须建立全国统一的教育、医疗、失业和养老社会保障制度,提高保障标准,才能使居民特别是农村转移劳动力和农民敢于消费。(2)2.5 亿农村转移劳动力将是潜在消费主力,打破现有的户籍等制度障碍,促使 2.5 亿农村转移劳动力定居并融入城市,这样将会迸发出巨大的消费需求,从而提升内需消费。(3)政府应该站在中立立场上在法律范围内支持农村转移劳动力建立维护自己权利的工会组织,虽然短期内将会提高企业的成本,但长期看,2.5 亿农村转移劳动力收入的增加将提升农村转移劳动力和农民的消费能力,而穷人的边际消费倾向是高于富人的,将会促进中国经济转向内需消费型。(4)民营企业是改革开放 30 年来经济发展的主力,民营企业贡献了 60% 的 GDP 和 70% 的就业,但仅得到了 10% 的融资支持,因此,应该改革现有的财政和金融制度,对民营企业大规模减税,建立完善的金融融资制度,改变民营企业融资困难的局面。

第三节 不足与研究展望

一、 不足之处

由于农村转移劳动力价格扭曲和价格趋同问题本身研究范围很广,受研究时间、可获得数据的限制及各方面的原因,本书的研究还存在一些值得进一步完善之处:(1)运用马克思主义经济理论与相关问题进行结合,并理论阐述相关问题时还有待完善;(2)由于时间跨度较长,数据调查和获得方面还存在进一步完善之处;(3)农村转移劳动力的价格扭曲研究中,由于户籍制度对价格扭曲起了很大作用,但是户籍制度 32 年来几乎没有改变,没法作为虚拟变量引入模型中,有待进一步完善;(4)由于面板数据无法获得,本书主要应用了时间序列数据进行实证研究,可能样本数量和准确性方面有所欠缺。

二、 研究展望

在本书的研究基础上还存在一些问题需要进一步的研究:(1)农村转移劳动力价格扭曲对城市部门做出了巨大贡献,但农村、农民都因此付出了沉重的代价,综合来看农村转移劳动力价格扭曲对国民经济有何影响,还值得进一步研究;(2)农村转移劳动力价格动态变化及趋同对微观企业有何影响,还值得进一步研究考察;(3)为了更加全面地了解农业部门价格扭曲对城市部门和中国经济的贡献,还需要对农业部门的产品价格扭曲情况进行研究,包括改革开放之前通过工农业产品剪刀差为城市部门所做的贡献,改革开放之后,政府通过干预控制市场人为压低农产品价格为城市部门所做的贡献等;(4)农业部门要素价格扭曲中,还包括土地和金融要素价格扭曲,改革开放后,政府垄断土地供给一级市场,通过低价征收农业用地,在建设用地市场上高价出售,赚取了巨额暴利,而农民仅仅得到了极少数的土地增值收益。另外,国有大型商业银行垄断金融市场,通过县域基层网点低利率从农村吸收大量金融资源,然后在大城市放贷使用,使得金融要素稀缺的农村为城市部门贡献了大量廉价资金。

参 考 文 献

安增龙、罗剑朝(2005):农民工工资权侵害原因的博弈分析,《商业研究》,(24),119—123。

蔡昉、王德文(1999):中国经济增长可持续性与劳动贡献,《经济研究》,(10),62—68。

蔡昉(2006):工业反哺农业、城市支持农村的经济学分析,《中国农村经济》,(1),11—17。

蔡昉、都阳(2011):工资增长、工资趋同与刘易斯转折点,《经济学动态》,(9),9—16。

蔡昉(2010):人口转变、人口红利与刘易斯转折点,《经济研究》,(4),4—12。

蔡昉(2005):劳动力短缺:我们是否应该未雨绸缪,《中国人口科学》,(6),11—16。

蔡昉(2010):刘易斯转折点与公共政策方向的转变——关于中国社会保护的若干特征性事实,《中国社会科学》,(6),125—137。

蔡昉(2007):中国经济面临的转折及其对发展和改革的挑战,《中国社会科学》,(3),4—12。

蔡昉、都阳、王美艳(2004):《中国劳动力市场转型与发育》,北京:商务印书馆。

陈纯槿、李实(2013):城镇劳动力市场结构变迁与收入不平等,《管理世界》,(1),45—55。

陈强(2010):《高级计量经济学及 Stata 应用》,北京:高等教育出版社。131—139。

陈信、王春娟、于颖(2004):《〈资本论〉学习与研究》,大连:东北财经大学出版社。

陈新春(2001):试论劳动价值论、按要素分配、按劳分配三者的关系,《长春师范学院学报》,(3),10—12。

　　杜建军、孙君(2013):农村劳动力转移与劳动力价格动态趋同研究,《中国人口科学》,(4),64—72。

　　杜建军、刘博敏(2014):农村转移劳动力价格趋同对国民经济的冲击效应,《上海经济研究》,(7),42—51。

　　杜建军、汪伟、丁晓钦(2015):中国农村转移劳动力价格扭曲与城市经济增长(1980—2011),《中国经济史研究》,(4),84—93。

　　丁守海(2011):劳动剩余条件下的供给不足与工资上涨——基于家庭分工的视角,《中国社会科学》,(5),4—21。

　　丁守海(2008):农民工工资上涨会威胁工业资本积累吗,《数量经济技术经济研究》,(8),19—28。

　　丁守海(2006):农民工工资与农村劳动力转移:一项实证分析,《中国农村经济》,(4),56—62。

　　都阳、Albert Park(2006):迁移、收入转移与减贫,载蔡昉、白南生:《中国转轨时期劳动力流动》,北京:社会科学文献出版社,277—291。

　　戴维·麦克莱伦(2008):《马克思以后的马克思主义》,北京:中国人民大学出版社,198—199。

　　段均、杨俊(2011):劳动力跨部门配置与居民收入差距,《数量经济技术经济研究》,(8),53—64。

　　樊士德(2011):劳动力流动对欠发达地区产出效应的测算,《中国农村经济》,(8),22—32。

　　费景汉、古斯塔夫·拉尼斯(2004):《增长和发展:演进观点》,北京:商务印书馆,109—129。

　　傅晓霞、吴利学(2006):全要素生产率在中国地区差异中的贡献,《世界经济》,(9),12—22。

　　盖庆恩、史清华(2012):劳动力市场扭曲、结构转变和中国经济增长,《第十届长三角三农论坛论文集》,103—126。

　　郭继强(2007):中国农民工城乡双锁定工资决定模型,《中国农村经济》,(10),13—22。

　　郭兴达、魏学文、张春梅(2010):从马克思劳动力价值理论看中国农民工工资,《滨州学院学报》,(4),54—57。

郭熙保、罗知(2009)：外资特征对中国经济增长的影响,《经济研究》,(1),52—65。

国务院办公厅(2003)：国务院办公厅关于做好农民进城务工就业管理和服务工资的通知,《光明日报》,1(16)。

国务院发展研究中心课题组(2010)：中国农民工供给态势与"十二五"时期走向,《改革》,(9),5—14。

高铁梅、范晓非(2011)：中国劳动力市场的结构转型与供求拐点,《财经问题研究》,(1),22—31。

高文亮、胡浩(2007)：关于劳动力价格上升的思考,《北方经济》,(9),50—51。

弓孟谦(2001)：劳动价值论与要素分配论,《经济科学》,(6),5—12。

韩秀华(2006)：《中国二元教育下的农村劳动力转移问题研究》西安：西北大学博士学位论文。

韩靓(2009)：《基于劳动力市场分割视角的外来务工人员就业和收入研究》,天津：南开大学博士学位论文。

何力武、罗瑞芳(2010)：农民工工资决定的微观行为机制研究,《经济纵横》,(2),120—122。

黄国华(2009)：《长三角地区劳动力流转与城乡居民收入差距关系实证研究》,上海：上海社会科学院博士学位论文。

胡靖春(2011)：《论工资水平与工资差距的变动趋势：以美国为例的研》,上海：上海财经大学博士学位论文。

蒋自强、史晋川等(2006)：《当代西方经济学流派》,上海：复旦大学出版社,386—397。

贾伟(2012)：农村劳动力转移对经济增长与地区差距的影响分析,《中国人口科学》,(3),55—65。

孔祥智、何安华(2009)：新中国成立60年来农民对国家建设的贡献分析,《教学与研究》,(9),5—13。

李实(1999)：中国农村劳动力流动与收入增长和分配,《中国社会科学》,(2),16—33。

李艳玲(2008)：《农民工工资剪刀差研究》,杨凌：西北农林科技大学硕士学位论文。

李艳玲、李录堂(2008)：农民工工资剪刀差的产生原因与对策,《安徽农业科学》,

（5），2049—2050。

　　李南沉（2013）：《农民工劳动合作社研究》，北京：中央民族大学博士学位论文。

　　李爱（2006）：《农村劳动力转移的政府行为》，济南：山东人民出版社。

　　刘秀梅、田维明（2005）：农村劳动力转移对经济增长的贡献分析，《管理世界》，（1），91—95。

　　刘强（2001）：中国经济增长的收敛性分析，《经济研究》，（6），70—77。

　　刘成斌（2013）：农民工流动方式与子女社会分化，《中国人口科学》，（4），108—116。

　　陆铭（2002）：《劳动经济学——当代经济体制的视角》，上海：复旦大学出版社。

　　卢锋（2012）：中国农民工工资走势：1979—2010，《中国社会科学》，（7），47—67。

　　卢现祥（2003）：《西方新制度经济学》，北京：中国发展出版社，30—31。

　　雷武科（2008）：《中国农村剩余劳动力转移研究》，北京：中国农业出版社。

　　罗峰（2000）：国家理论之比较分析：马克思主义与新制度主义，《上海行政学院学报》，（2），33—40。

　　劳动和社会保障部（2002）：《工人日报》，2（20）。

　　林毅夫、姜烨（2006）：发展战略、经济结构与银行结构：来自中国的经验，《管理世界》，（1），29—40。

　　马延泽（2014），我国劳动力价格上涨的成因与影响，《全国商情》，（2），37—39。

　　马克思（2004）：《资本论》（第1卷），北京：人民出版社，198—855。

　　马克思（2004）：《资本论》（第3卷），北京：人民出版社，696—697。

　　马克思、恩格斯（2012）：《马克思恩格斯选集》（第2卷），北京：人民出版社，195。

　　马克思、恩格斯（2009）：《马克思恩格斯文集》（第3卷），北京：人民出版社，225—619。

　　马克思、恩格斯（2009）：《马克思恩格斯文集》（第5卷），北京：人民出版社，796。

　　马克思、恩格斯（2009）：《马克思恩格斯文集》（第7卷），北京：人民出版社，732。

　　马克思、恩格斯（1995）：《马克思恩格斯全集》（第11卷），北京：人民出版社，662。

　　马克思、恩格斯（1964）：《马克思恩格斯全集》（第16卷），北京：人民出版社，220—643。

　　马克思、恩格斯（1980）：《马克思恩格斯论工会》，北京：中国工人出版社，38。

　　迈克尔.P.托达罗（2002）：《经济发展》，北京：中国经济出版社，277—281。

　　平狄克、鲁宾费尔德（2003）：《微观经济学》，北京：中国人民大学出版社，419—423。

彭红碧(2010):农民工与企业的博弈——我国农民工工资水平形成研究,《经济与管理研究》,(7),116—122。

潘文卿(1999):中国农业剩余劳动力转移效益测评,《统计研究》,(4),31—34。

钱忠好(2008):非农就业是否必然导致农地流转——基于家庭内部分工的理论分析及其对中国农户兼业化的解释,《中国农村经济》,(10),13—21。

钱文荣、郑黎义(2010):劳动力外出务工对农户水稻生产的影响,《中国人口科学》,(5),58—65。

卿涛、杨仕元、岳龙华(2011):Minami准则下的刘易斯转折点研究,《中国人口科学》,(2),47—56。

盛来运(2009):金融危机中农民工就业面临的新挑战,《城乡福利一体化学术研讨会论文集》,(4)。

宋志刚、王怀民(2006):中国发展加工贸易的劳动力因素分析,《社会科学战线》,(3),70—75。

邵长鹏、杜建军(2014):农村劳动力转移、价格动态变化与趋同,《经济问题探索》,(7),97—102。

沈坤荣、余吉祥(2011):农村劳动力流动对中国城镇居民收入的影响——基于市场化进程中城乡劳动力分工视角的研究,《管理世界》,(3),58—65。

沈坤荣、刘东皇(2011):中国劳动者报酬提升的需求效应分析,《经济学家》,(2),43—50。

申鹏(2012):《农村劳动力转移的制度创新》,北京:社会科学文献出版社,173—182。

史立军、周泓(2012):我国天然气供需安全的系统动力学分析,《中国软科学》,(3),162—169。

谭永生(2007):农村劳动力流动与中国经济增长——基于人力资本角度的实证研究,《经济问题探索》,(4),80—84。

谭崇台(2000):《发展经济学》,太原:山西经济出版社,217—243。

陶然(2012):中国城镇化需要户籍—土地改革联动,《时代周报》,(12)。

唐萍萍(2012):《劳动力转移对农村发展的影响研究——基于样本村的实证分析》,杨凌:西北农林科技大学博士论文。

王小鲁等(2004):中国地区差距的变动趋势和影响因素,《经济研究》,(1),33—44。

王美艳(2005)：城市劳动力市场上的就业机会与工资差异——外来劳动力就业与报酬研究,《中国社会科学》,(5),36—46。

王美艳(2003)：转轨时期的工资差异：歧视的计量分析,《数量经济技术经济研究》,(5),94—98。

王祖兵等(2009)：上海市外来民工职业健康现况调查报告,《第18次全国职业病学术交流会论文集》。

王其藩(2009)：《系统动力学》,上海：上海财经大学出版社,5—12。

王其藩(1999)：复杂大系统综合动态分析与模型体系,《管理科学学报》,(2),15—19。

魏后凯、苏红键(2013)：中国农业转移人口市民化进程研究,《中国人口科学》,(5),19—21。

伍德里奇(2003)：《计量经济学导论：现代观点》,北京：中国人民大学出版社,181。

谢嗣胜、姚先国(2006)：农民工工资歧视的计量分析,《中国农村经济》,(4),49—55。

谢周亮(2008)：户籍歧视对劳动报酬差异的影响,《开放导报》,(6),83—88。

邢春冰(2008)：农民工与城镇职工的收入差距,《管理世界》,(5),55—64。

徐清(2012)：城市工资上涨、劳动力转移与投资拉动增长方式——基于中国地级城市面板数据的分析,《中国人口科学》,(4),25—34。

向国成等(2005)：农户兼业化：基于分工视角的分析,《中国农村经济》,(8),4—9。

向国成、韩绍凤(1996)：工资是劳动力商品的劳动耗费价值和使用价值的综合反映,《湖南社会科学》,(6),57—59。

熊婕、腾洋洋(2010)：农村异质性劳动力转移对城乡收入差距的影响机制与检验——基于刘易斯二元经济理论的推理和实证分析,《中国人口科学》,(增刊),31—40。

肖卫、朱有志、肖琳子(2009)：二元经济结构、劳动力报酬差异与城乡统筹发展《中国人口科学》,(4),23—31。

肖卫(2013)：中国劳动力城乡流动、人力资源优化配置与经济增长,《中国人口科学》,(1),77—87。

肖延方(2007)：马克思劳动力价值理论和农民工工资,《当代经济研究》,(8),8—11。

姚先国、赖普清（2004）：中国劳资关系的城乡户口差异，《经济研究》，(7)，82—90。

姚亚文、赵卫亚（2010）：中国城乡劳动力工资收入差异现状及原因浅析，《中国人口科学》，(增刊)，21—13。

姚枝仲等（2003）：劳动力流动与地区差距，《世界经济》，(4)，35—44。

约翰·奈特、邓曲恒、李实（2011）：中国的民工荒与农村剩余劳动力，《管理世界》，(11)，12—27。

严于龙（2007）：《农民工贡献、收入分享与经济、社会发展》，北京：中国农业大学博士学位论文。

严于龙、李小云（2007）：农民工群体对经济增长成果分享比例偏低的原因及后果，《宏观经济管理》，(5)，50—53。

严善平（2006）：城市劳动力市场中的人员流动及其决定机制——兼析大城市的新二元结构，《管理世界》，(8)，8—17。

严善平（2007）：人力资本、制度与工资差别——对大城市二元劳动力市场的实证分析，《管理世界》，(6)，4—13。

杨思远（2005）：《中国农民工的政治经济学考察》，北京：中央民族大学博士学位论文，63—64。

杨松（2011）：《论中国农村劳动力转移——基于户籍歧视视角》，北京：中共中央党校博士学位论文。

杨玉华（2006）：马克思"劳动力转移理论"与"拉尼斯—费"模式的比较及其借鉴意义，《当代经济研究》，(12)，14—17。

杨晓军（2012）：农民工对经济增长贡献与成果分享，《中国人口科学》，(6)，66—74。

杨聪敏、杨黎源（2000）：当代中国农民工流动规模考察，2000，201(8)，http://www.sociology.cass.net.cn/shxw/zxwz/P020091123314338285891.pdf。

杨天宇、侯玘松（2009）：收入再分配对我国居民总消费需求的扩张效应，《经济学家》，(9)，39—45。

庾德昌（1989）：《全国百村劳动力情况调查资料集》，北京：中国统计出版社，10—61。

伊兰伯格、史密斯（1999）：《现代劳动经济学——理论与公共政策(第六版)》，北京：中国人民大学出版社，421—455。

冶金工业部劳动工资司(1981)：《工资福利文件选编（第一册、第二册）》，北京：冶金工业出版社。

赵伟、李芬(2007)：异质性劳动力流动与区域收入差距：新经济地理学模型的扩展分析，《中国人口科学》，(1)，27—35。

赵建欣、张忠根(2007)：要素投入结构变化对中国农业增长影响的实证研究，《技术经济》，(7)，69—73。

赵磊(1997)：剩余索取权的归属：理论分歧与现实变化，《学术月刊》，(7)，47—53。

张兴华(2013)：中国农村剩余劳动力的重新估算，《中国农村经济》，(8)，49—54。

张晓辉(2000)：《1986—1999年全国农村社会经济典型调查数据汇编》，北京：中国农业出版社。

张德化、胡月英(2013)：马克思农业劳动力转移思想与现实考察，《当代经济研究》，(6)，8—12。

张峰(2013)：马克思的劳动力产权残缺思想与劳资关系协调，《现代经济探讨》，(10)，35—39。

张玉琳、杜建军(2016)：农村转移劳动力价格扭曲的宏观因素研究，《西北人口》，(2)，59—68。

邹森(2011)：《农民工问题的产权经济学分析》，上海：上海财经大学博士学位论文。

周天勇(2006)：结构转型缓慢、失业严重和分配不公的制度症结，《管理世界》，(6)，27—36。

周彩霞(2009)：劳动力要素的弱势地位、价格扭曲与经济增长方式转型困境，《科学发展》，(6)，43—50。

周业安、赵坚毅、宋紫峰(2007)：中国转型时期的劳动权评价，《管理世界》，(10)，8—18。

中华人民共和国农业部(2010)：《中国农业发展报告》，北京：中国农业出版社。

郑秉文(2010)：如何从经济学角度看待"用工荒"，《经济学动态》，(3)，73—78。

郑黎义(2010)：《劳动力外出务工对农户农业生产的影响——基于江西省四个县的实地调研》，杭州：浙江大学博士学位论文，48—56。

郑延智、黄顺春(2013)：劳动力成本、经济结构与经济增长——基于江西省的实证分析,《经济经纬》,(2), 18—22。

Amartya K. Sen (1966), "Peasants and Dualism With or Without Surplus Labor", *Journal of Political Economy*, 5, 425—450.

A. Dixit (1970), "Growth Patterns in A Dual Economy", *Oxford Economic Papers*, 2, 229—234.

Bharaty (2004), "Another Look at Wage Distortion in A Developing Dual Economy", *Working paper of Central Michigan University*, 2, 208—227.

Bowles and Boyer R(1995), "Wages, Aggregate demand, and Employment in An Open Economy: An Empirical Investigation", in EPSTEIN G. A., *Macroeconomic Policy after the Conservative Era : Studies in Investment, Savingand Finance*, New York: Cambridge University Press.

Cai Fang and De wen Wang(2003), "Migration AS Marketization: What Can We Learn From China's 2000 Census Data", *The China Review*, 2, 73—93.

Cai. F, Wang. D W and Du Y(2002), "Regional Disparity and Economic Growth in China: TheImpact of Labor Market Distortions", *China Economic Review*, 13, 197—2121.

Cai, Z, Fan, J and Yao, Q(2000), "Functional-coefficient Regression Model for Nonlinear Time Series", *Journal of American Statistical Association*, 95, 941—956.

Doringer. P and Piore. M (1971), *Internal labour Markets and Manpower Analysis*, Lexington Mass: D, C. Heath.

D. W. Jorgenson(1967), "Surplus Agricultural Labor and the Develpoment of a Dual Economy", *Oxford economic papers*, 3, 288—312.

D. W. Jorgenson(1961), "The Development of a Dual Economy", *The Economic Journal*, 282, 309—334.

Dorothy and J. Solinger(1999), "Citizenship Issues in China's Internal Migration: Comparisons with Germany And Japan", *Political Science Quarterly*, 3, 455—478.

Du. Yang and Pan Wei guang(2009), "Minimum Wage Regulation in China and its Application to Migrant Workers in the Urban Labour Market", *China and World Economy*, 2, 79—93.

Edna Bonacich (1972), "A Theory of Ethnic Antagonism: The Split Labor

Market", *American Sociological Review*, 5, 547—559.

Erik Olin Wright and Luca Perron(1977), "Marxist Class Categories and Income Inequality", *American Sociological Review*, 1, 32—55.

Fei.C.H and Ranis.G.A(1961), "Theory of Economic Development", *American Economic Review*, 533—566.

Fang Cai and Meiyan Wang(2008), "A Counterfactual Analysis on Unlimited Surplus Labor in Rural China", *China & World Economy*, 1, 51—65.

Gollin D, Parente S and Rogerson R (2002), "The Roleof Agriculture in Development", *The American Economic Review*, 2, 160—164.

Gollin D, Parente S and Rogerson R (2007), "The Food Problem and the Evolution of International Income Levels", *Journal of Monetary Economics*, 54, 1230—1255.

Hamid. Beladi and Nancy. H. Chau (2000), "Endogenous factor market distortion, risk aversion and international trade under input uncertainty", *The Canadian Journal of Economics*, 3, 523—539.

Hedeker, Donald R and Gibbons. Robert D (2006), *Longitudinal Data Analysis*, John. Wiley & Sons Inc.

J.Hatton and G.Williamson(1992), "What Explains Wage Gaps Between Farm and City?", *Economic Development and Cultural Change*, 2, 267—294.

Juzhong Zhuang (1996), "Estimating Distortions in the Chinese Economy A General Equilibrium Approach", *Economica New Series*, 11, 543—568.

Jürgen Meck and Stefan Zink (2004), "Solow and Heterogeneous Labour: A Neoclassical Explanation of Wage Inequality", *The Economic Journal*, 11, 825—843.

John E.Murray(2002), "Chinese-Filipino Wage Differentials in Early-Twentieth-Century Manila", *The Journal of Economic History*, 3, 773—791.

John E.Roemer(1982), *A General Theory of Exploitation and Class*, Harvard University Press.

Kenneth Roberts, Rachel Connelly, Zhenming Xie and Zhenzhen Zheng(2004), "Patterns of Temporary Labor Migration of Rural Women from Anhui and Sichuan", *The China Journal*, 52, 49—70.

Knight. John, Quheng Deng and Shi Li(2012), "The Puzzle of Migrant Labor

Shortage and Rural Labor Surplus in China", *China Economic Review*, 4, 585—600.

Kinsman and Gary (2006), " The politics of revolution: Learning from autonomist Marxism", *Upping The Anti*, 1, 41—50.

L.Lau, W. Lin and P. Yotopoulos (1978), "The Linear Logarithmic Expenditure System: An Application to Consumption-Leisure Choice", *Econometrica*, 4, 843—868.

L.Squire and H.N.Barnum (1979), "An Econometric Application of the Theory of the Farm-Household", *Journal of Development Economics*, 1, 79—102.

Lewis. W. A (1954), "Development with Unlimitid Supplies of Labor", *The Manchester School of Economic and Social Studies*, 153.

Lewis. W.A (1958), "Unlimited Labor: Further Notes", *The Manchester School of Economic and Social Studies*, 26.

Leonid. Borodkind and Carol. Scott. Leonard (2005), " The Rural Urban Waga Gap in The Industrialization of Russia 1885—1910", *Working Paper*, (8).

Lees and Francis (1977), *China Superpower: Requisites for High Growth*, New York: St.Martin's Press, 66.

Li, Q, Huang, C, Li, D and Fu, T (2000), " Semiparametric Smooth Coefficient Models", *Journal of Business and Economic Statistic*, 20, 412—422.

Meng Xin and Bai Nansheng (2008), "How Much Have Wages of Unskilled Workers in China Increased?", in R.Garnaut and Song Lijang (eds), *China: Linking Markets for growth*, Canberra, Asian Pacific Press, 151—175.

Meng Xin and Junsen Zhang (2001), " The Two-Tier Labor Market in Urban China: Occupational Segregation and Wage Differentials between Urban Residents and Rural Migrants in shahai", *Journal of Comprative Economics*, 29, 85—504.

Murat. K and Sirin. S (2008), " Migration and Regional Convergence: An Eimpirical Investigation for Turkey", *PRA Paper*, 648, 545—566.

Maglin S. A (1976), *Value and Price in the Labor-surplus Economy*, Oxford university press.

Mincer, Jacob (1974), *Schooling, Experience and Earnings*, Ann Arbor, Mich: UMI.

Oaxaca R (1973), "Male-FemaleWage Differentials in Urban LaborMarkets", *International Economic Review*, 3, 693—790.

Pavle, Petrovic (1998), "Price Distortion and Income Dispersion in a Labor-Managed Economiy: Evidence from Yugoslavia", *Journal of Comparative Economics*, 12, 592—603.

Rozelle. S, Taylor, J. E and Brauw. A (1999), "Migration Remittances and Agricultural Productivity in China", *American Economic Review*, 2, 287—291.

Russell K. Schutt (1989), "Craft Unions and Minorities: Determinants of Change in Admission Practices", *Social Problems*, 2, 388—402.

Richard Child Hill (1974), "Unionization and Racial Income Inequality in the Metropolis", *American Sociological Review*, 4, 507—522.

Sachs. J and W.Woo(1994), "Structural Factors in the Economic reforms of China, Eastern Europe and the Former Soviet Union", *Economy Policy*, 18, 101—145.

Timothy J. Hatton and Jeffrey G.Williamson(1992), "What Explains Wage Gaps between Farm and City? Exploring the Todaro Model with American Evidence 1890—1941", *Economic Development and Cultural Change*, 7, 421—451.

Wu H.X and Meng. X(1997), "The Impact of the Relocation of Farm Labor on Chinese Grain Production", *China Economic Review*, 2, 105—122.

Wang, X and Kalirajan. K. P(2002), "On Explaining Chinaps Rural Sectorps Productivity Growth", *Economic Modelling*, 19, 261—275.

Yang Du, Albert Park and Sangui Wang(2005), "Migration and Rural Poverty in China", *Journal of Comparative Economics*, 33, 688—709.

图书在版编目(CIP)数据

农村劳动力转移:价格扭曲、变化趋同与中国经济
发展/杜建军著.—上海:格致出版社:上海人民出
版社,2017.8
　ISBN 978－7－5432－2774－3

　Ⅰ.①农… Ⅱ.①杜… Ⅲ.①农村劳动力-劳动力转
移-研究-中国　Ⅳ.①F323.6

中国版本图书馆 CIP 数据核字(2017)第 168103 号

责任编辑　程　倩
装帧设计　夏　芳

农村劳动力转移:价格扭曲、变化趋同与中国经济发展
杜建军　著

出　版	世纪出版股份有限公司　格致出版社 世纪出版集团　上海人民出版社 (200001　上海福建中路193号　www.ewen.co)	印　刷	上海商务联西印刷有限公司	
		开　本	635×965　1/16	
		印　张	11	
	编辑部热线　021-63914988 市场部热线　021-63914081 www.hibooks.cn	插　页	5 ．	
		字　数	157,000	
		版　次	2017 年 8 月第 1 版	
发　行	上海世纪出版股份有限公司发行中心	印　次	2017 年 8 月第 1 次印刷	

ISBN 978－7－5432－2774-3/F · 1046　　　　　　　　　　　　　　　定价:45.00 元

马克思主义研究　哲学社会科学研究　第二十九辑　（2017年8月）

当代发达国家劳资关系研究　钱箭星 著
马克思恩格斯现代性思想体系及其影响研究　杜艳华　贺永泰 著
马克思主义教育目标分类　庄惠阳 著
镜像与自我——史景迁的中国形象建构研究　谭旭虎 著
英国治安法官制度研究——历史、价值与制度安排　刘显娅 著
风险刑法理论研究　周铭川 著
中国网络版权侵权实证研究——基于3004份司法裁判文书的量化分析　徐剑 著
互惠的美德——博弈、演化与实践理性　陈常燊 著
中国对外贸易的隐含碳测度　杨来科 等著
新劳动法背景下和谐劳资关系研究　陈万思 著
艺术、生态与城市的共生
　　——基于生态意识的公共艺术在城市化进程中的作用及发展研究　张苏卉 著
汉语的指称与命题——语法中的语义学原理　陈振宇 著
农村劳动力转移：价格扭曲、变化趋同与中国经济发展　杜建军 著
训导与抗衡：党派、学人与浙江大学(1936—1949)　何方昱 著

博士文库　第十九辑　（2017年8月）

当代中国大学生政治社会化进程研究　王琳媛 著
马克思"个人解放"的历史与逻辑　赵恩国 著
普通高中国际课程政策设计研究　徐士强 著
中国能源消费增长的总量效应与结构效应研究——基于需求视角的分析　花菓 著
体系变革与欧洲安全一体化　朱鸣 著
金勺模型：社会组织援助义务教育的系统行为分析　翁士洪 著